国家自然科学基金青年项目"技术创业型企业股权动态
（项目编号：72002169）
省部级项目"科技成果赋能陕西产业链升级的创业转化
目编号：2022KRM055）

经管文库·管理类
前沿·学术·经典

技术创业型企业股权动态配置
——融资契约的视角

Dynamically allocated equity of Technologically
Entrepreneurial Enterprises——The perspective of
financing contract

惠　祥　著

经济管理出版社
ECONOMY & MANAGEMENT PUBLISHING HOUSE

图书在版编目（CIP）数据

技术创业型企业股权动态配置：融资契约的视角 / 惠祥著 . —北京：经济管理出版社，2023.6

ISBN 978-7-5096-9062-8

Ⅰ . ①技… Ⅱ . ①惠… Ⅲ . ①高技术企业 – 股权管理 – 研究 – 中国 Ⅳ . ① F279.244.4

中国国家版本馆 CIP 数据核字（2023）第 101921 号

组稿编辑：杨国强
责任编辑：王　洋
责任印制：许　艳
责任校对：陈　颖

出版发行：经济管理出版社
　　　　　（北京市海淀区北蜂窝 8 号中雅大厦 A 座 11 层 100038）
网　　　址：www.E-mp.com.cn
电　　　话：（010）51915602
印　　　刷：唐山玺诚印务有限公司
经　　　销：新华书店
开　　　本：710 mm × 1000 mm/16
印　　　张：12.75
字　　　数：203 千字
版　　　次：2023 年 6 月第 1 版　2023 年 6 月第 1 次印刷
书　　　号：ISBN 978-7-5096-9062-8
定　　　价：98.00 元

序

　　"大众创业、万众创新"旨在鼓励技术成果持有者运用民间可投资资本创立技术创业型企业，孵化转化位列世界前茅的科学技术研究成果，达到民间资本稳态升值、创业者事业发展的双赢目的，实现提升我国新技术产业国际竞争力的目标。然而，绝大多数技术成果持有者因自有资本困扰，不能独立进行原创技术的孵化转化，资金资本持有者又因专业技术知识的局限，无法辨识成果转化可能产生的利益空间和风险，导致技术成果持有者与资金资本持有者难以形成"技术 + 资本"的持久稳固合作。即使参照国家多次修订颁发的技术入股指导性文件，促成技术创业团队与原始出资人合作创办技术创业型企业，但由于此类企业具有"先小资本大风险孵化、后大资本小风险发展"的自有特点，在其良性发展到一定规模时，一方面，因技术入股的股权静态配置无法体现资金风险逐渐降低、技术创业团队能动贡献愈显重要的客观事实，而诱发技术创业团队"患不均"的心理状态，难以促使技术创业团队积极进行差异性产品的持续研发；另一方面，技术创业型企业快速发展阶段的大规模再融资，在技术入股静态股权配置的基础上直接稀释了技术创业团队的持股比例，致使创业者因难以实现"创自己事业"的心理失衡而无法保证团队的长久稳定，甚至由于核心技术人员的离职引发企业夭折，造成技术创业团队和出资人"两败俱伤"的不堪局面。针对上述制约技术创业型企业成立和发展的资金融通与股权配置问题，本书以满足创业者资金需求和投资人资本升值为目标，比对决策参与的股权融资、固定收益的债权融资等融资工具与契约保证收益、决策过程参与的夹层契约模式在运作机理方面的差异，以技术创业型企业为研究对象，主要回答以下问题：

（1）股权配置与融资契约设计之间是什么关系？资本具有怎样的特性才具有参与企业股权配置的权力？决定资本持有者参与股权配置谈判力的主要因素是什么？

（2）技术创业型企业不同发展阶段的特点，以及不同发展阶段创始资金与原创技术对企业发展的贡献表现在哪些方面？技术创业型企业应在不同发展阶段遵循怎样的股权配置机理？技术创业型企业股权配置的依据是什么？

（3）企业股权配置与融资契约设计紧密联系，那么，技术创业型企业应如何通过事前融资契约设计实现股权动态配置？怎样运用股权配置确保原始出资人的风险控制权？怎样设计融资契约以吸引外部资本投入？

（4）如何将股权动态配置模型应用到技术创业型企业与创业平台之间，以有效提高企业走出"死亡之谷"的概率？

围绕上述问题，本书的研究内容和章节安排如下：

第一章为绪论。本章主要介绍研究问题产生的背景，以及技术创业型企业股权配置和融资契约问题研究的迫切性，从理论价值和现实意义两方面阐明本书的价值。对本书的相关概念进行对比界定，使研究对象更加明确清晰。

第二章为文献综述。梳理相关领域的国内外已有研究，并论述本书研究的理论基础。本章从融资契约的相关研究、股权配置的相关研究、企业融资与股权配置关系、夹层融资的相关研究四个方面对已有研究进行总结。突出讨论创业企业和高技术企业在股权配置和融资契约方面的研究，并对已有研究进行总结和评述，着重分析目前研究的借鉴意义和局限，为本书研究奠定基础、寻找研究切入点。

第三章为股权激励优化融资结构的经验证据。分别以全行业上市公司和高新技术企业为研究对象，收集股权激励、外源融资结构等相关数据，在厘清股权激励对融资结构影响机理的基础上，通过实证研究厘清股权激励对外源融资结构的调节作用，为后续展开技术创业型企业股权动态配置的融资契约研究奠定理论基础。

第四章为技术创业型企业股权动态配置的理论分析。以不完全契约理论为基础，以知识所有权为切入点，结合公平偏好理论和需求层次理论，分析技术创业型企业股权动态配置需求的形成路径；研究得到企业股权配置的分析框架及其理论含义；引入风险承担和可抵押性，通过物质资本和人力资本风险承担和可抵押性的特征分析，确定原始出资人和原创技术持有者参与技术创业型企业股权配置的资格；通过资本专用性和专有性的变化确定资本持有者的股权谈判力，结合技术创业型企业创始资金和原创技术专用性程度和专有性贡献的变化，形成技术创业型企业股权动态配置的理论机理。

第五章为技术创业型企业股权动态配置的模型构建。结合资本专有性呈现速度和资本专有性贡献度，提出可分配收益和剩余可分配收益两个概念，作为股权动态配置的量化依据，构建股权动态配置的时序模型。

第六章为基于股权动态配置的技术创业型企业融资契约设计。结合技术创业团队和原始出资人股权配置需求及资本收益要求，即创始资金的融资特征，分析股权融资、债权融资、可转换债券等融资方式对技术创业型企业的适用性，在明确原始出资人和技术创业团队选择夹层融资动因的基础上，进一步明晰夹层融资模式的运作原理，提出技术创业型企业的较优融资模式选择。依据技术创业型企业的收益产出规律和资金风险变化，提出技术创业型企业股权动态配置的夹层融资模式设计原理。

第七章为技术创业型企业股权的分配比例确认：以夹层融资契约为例。通过变量赋值，考虑可分配收益和剩余可分配收益可能的分配比例。以剩余可分配收益的边际效用递增，原始出资人资本年平均资本收益率、技术创业团队获得绝对控股所需的剩余可分配收益总额和时间的帕累托最优为判定原则，通过算例研究方法，得到了较优比例关系：$\beta=1-\gamma$。最终形成"收益分配与持股比例分离量化、优先分配与剩余分配比例倒挂"的股权动态分配模式，并分析技术创业型企业的股权配置变化趋势。

第八章为股权动态配置模型的应用：以创业平台为例。以技术创业型企业获取资金支持，实现股权动态配置顺利实现为目标，基于国内外创业平台成功要素，进行股权动态配置在创业平台的应用研究。明确了创业平台与一般企业孵化器的本质区别，并提出了创业平台的运营模式，深入分析了创业平台的收益分配与资本退出模式。同时计算出创业平台夹层基金的收益区间，通过与夹层资本收益率的对比，验证了股权动态配置对创业平台的有效性。本章内容是对本书理论研究的综合应用。

第九章为结论。回顾本书研究内容、总结研究成果、明确研究创新，以及展望未来的研究方向。

技术创业型企业股权动态配置研究对企业适时融得足额创始资金、长久保持技术创业团队稳定具有现实意义。本书的理论价值体现在以下三个方面：

第一，强调企业股权配置与融资契约的紧密联系，深化和完善了证券设计理论在技术创业型企业中的运用。现有研究大多仍然集中于传统资本结构理论，是在金融契约条件下分析不同融资的占比或融资工具的选择。本书通过梳理金融契约理论的发展脉络，对比传统资本结构理论与证券设计理论的研究差异，基于证券设计理论，研究如何设计能够最大化缓解公司利益相关者摩擦的最优融资契约，提出事前的融资契约设计直接影响企业的股权配置，且融资契约应充分考虑后期的股权动态配置需求，即融资契约的履行是股权配置的实现途径。将企业融资契约设计与股权动态配置相联系，是对金融契约理论中证券设计理论的深入分析和运用，同时丰富了企业股权配置与融资契约关系的理论研究。

第二，揭示了技术创业型企业的股权配置机理。现有研究多从资本雇佣劳动的角度出发，默认资金资本因风险承担应始终掌握企业控制股权，忽视了技术资本在塑造企业竞争力过程中所发挥的核心作用，没有体现出技术创业型企业"先小资本大风险孵化、后大资本小风险发展"，以及孵化期资金资本专有性突出、发展期技术资本专有性凸显的客观规律。本书从不完全契约理论、公平偏好理论、需要层次理论、生命周期理论等出发，引入资本的风险承担、可抵押性、专用性、专有性概念，从股权配置资格和股权分配谈判力两方面，依据技术创业型企业孵化期、发展初期、快速发展期的阶段性特点，分析技术创业型企业股权动态配置的理论机理，形成了较为系统的股权配置理论分析框架，为构建技术创业型企业的股权动态配置模型以及相关研究奠定了理论基础。

第三，扩展了夹层融资理论的应用。不同于发达国家对夹层融资模式的灵活运用，我国主要集中于房地产行业在项目融资时对可转换债券的运用。虽然有部分学者提出夹层融资可以缓解中小企业融资难的问题，但仅局限于概念介绍和政策建议的研究，欠缺将夹层融资引入技术创业型企业进行深入系统的理论分析。本书通过对比股权融资、债权融资、可转换债券对技术创业型企业融得创始资金的适用性，在考虑技术创业型企业股权动态配置机理的基础上，深入分析夹层融资在创始资金融资中的运作原理，并形成概念模型，是对夹层融资理论运用的扩展，也是对技术创业型企业融资契约设计相关理论的扩充。

融得足额创始资金是原创技术持有者实现创业、原创技术向差异性产品孵化的前提；保持团队长久稳定是技术创业型企业步入市场化、规模化发展的保障。在"大众创业、万众创新"的政策号召下，通过合理的融资契约设计缓解技术创业的创始资金融资约束，构建公平的股权动态分配模式以保持技术创业团队的长久稳定，对激发原创技术持有者的创新热情、提高技术创业成功率具有现实的指导意义。

首先，技术创业型企业需经过原创技术孵化期，且孵化阶段难以产生利润，而在此阶段创始资金承担较大的或然性风险，这是技术创业型企业的阶段性发展特点。本书基于技术创业型企业这一发展规律的客观存在，规避目前被广泛使用的股权融资、债权融资、可转换债券等融资方式对创始资金融资的不适用性，汲取夹层融资理论在投资期限、收益分配、资本退出等方面可灵活设计的优势，设计事前融资契约，以固定资本现金收益、高额浮动股权收益、与风险相关的资本退出机制吸引资金投入。从融资契约设计角度，为技术创业型企业从除自有资金以外的渠道融得创始资金提供了参考。研究结论具有较强的可操作性，对于技术创业型企业融得创始资金或补充发展资金皆具有现实的指导意义。

其次，技术资本是支撑技术创业型企业核心竞争力的关键资源，可见原创技术成功孵化、技术更新持续进行，是技术创业型企业得以规模化发展的必要条件，而技术资本的运用和革新都基于技术创业团队能力的能动发挥。本书结合融资契约构建的技术创业型企业股权动态配置模型，一方面能够公平体现技术资本与资金资本随企业发展而展现出的贡献度变化，对于促进资本持有者积极投资创始资金、技术创业团队能力的持续发挥具有借鉴意义；另一方面区别技术创业和技术入股的本质，强调技术创业团队是"以原创技术创自己事业"，明晰了"双创"背景下诸多原创技术持有者与投资人合作建立技术创业型企业的初衷，对技术创业型企业设计融资契约和股权配置方案具有一定的参考价值。

最后，本书将夹层融资理论应用于引导民间资本投入技术创业的平台构建，借鉴国内外成功案例，结合民间资本群体和技术创业群体的本质需求，构建的创新创业平台创新了商业运作模式，能够对改变现阶段我国政府性企业孵化器运作效率低、商业性企业孵化器盈利能力差的现状提供实践指导。

同时，创新创业平台的职能设计，明确了技术创业型企业想要顺利走出"死亡之谷"应注意的关键因素。而且，构建创新创业平台，一方面为在房地产和证券不稳定、低收益中迷茫的民间资本拓宽了投资渠道；另一方面，由此带来的巨额民间资本的引入为技术创业型企业的创始资金融资提供了充足的资金保障。

本书得到国家自然科学基金青年项目"技术创业型企业股权动态配置机理及实现路径研究"（项目编号：72002169）、省部级项目"科技成果赋能陕西产业链升级的创业转化促成机理与对策研究"（项目编号：2022KRM055）的资助。

目　录

第一章　绪论

第一节　研究背景

技术创业型企业是"持自有技术、创自己事业"的技术创业团队，与期望通过成果转化实现资本升值的投资人合作组建的一类创业型企业。国内技术产业发展的事实证明：不论是通信专业的任正非创建华为——从初期的数字程控交换机系统制造，发展到今天拥有国际领先水平的 5G 技术；或是计算机专业的柳传志从联想式汉卡研发，发展为集软硬件为一体的国际知名品牌——联想，无不体现出专业技术人才凭借自身对行业发展趋势的准确把握、瓶颈攻关的精准施策，在推动我国高新技术产业发展历程中所起到的核心作用。在科技强国已成为总体战略目标的今天，以创新开发产业链核心产品为突出特点的技术创业型企业，必将逐步成为推动我国由"制造大国"向"智造强国"转变的中坚力量。

然而，遗憾的是，尽管国家和地方政府为"硕士进车间、博士进工厂"提供了优惠的就业待遇，使技术人员具有亲临生产一线凝练技术难点、深思解决方案的客观条件，包括高达 190 万亿元[①]的民间可投资资本，以及政府鼓

---

① 根据招商银行和贝恩公司联合发布的《2019 中国私人财富报告》统计。

励技术创业的诸多优惠政策，皆为技术创业型企业的创立和发展提供了技术团队构成、创业资金支持等"天时、地利"的创业环境。但是，我国技术创业型企业稳定发展的比例却不足5%[①]。如果我国此类企业的成功率能够逼近发达国家20%[②]的稳定成功率，则不仅能通过成功的榜样力量号召专业技术人才勇于参与创业，还会示范引导万亿元民间资本积极对接"大众创业"的技术创业团队，实现民间资本向新技术产业转投的战略目标。那么，为何我国技术创业型企业在"天时、地利"的创业条件下，却难以实现长久稳定的发展呢？

CB Insights 对101个失败的新创公司进行研究，发现股权配置不合理引发技术创业团队与投资者的稳定性失调，是导致创业失败的关键。进一步做前期调研发现，当前的技术创业型企业多参照劳动密集型企业或成熟科技型企业等，以技术入股模式"引进"技术创业团队，形成资金资本持续控股，或"静态股权配置＋动态股权激励"的股权治理模式。此模式因忽略了以上类别企业与技术创业型企业在发展过程和团队特性等方面的本质区别，不足以实现"创自己事业"的愿景以保证技术创业团队的稳定性，制约了技术创业型企业长久稳定的发展。

技术创业型企业创立初期，因原始出资人承担了技术孵化过程中的诸多或然性资金风险，且技术创业团队在尽快完成技术对产品的孵化转化、尽早获得行业认同的心理驱使下，很容易形成"技术创业团队小股权、原始出资人大股权"的初始股权配置。但是，随着技术向产品的成功转化，以及产品市场认同度的逐步提升，技术资本专有性对企业核心竞争力的支撑作用日渐显现，同时资金资本风险性却逐渐降低，且技术资本对技术创业型企业发展的贡献度逐渐高于资金资本，两者间的贡献度逆差随着企业的发展而持续增

---

① ② 根据《2019年中国大学生就业报告》《中国创业孵化发展报告2019》《2017中国创新创业报告》数据整理统计。

大。若此时依然维持初期股权配置不变，因其难以公平体现技术创业团队在企业成长过程中的能动贡献，极易导致技术创业团队在"患不均"心态的驱使下，产生不为或离职动机，影响团队能动性发挥和稳定性保持。若采用当前企业普遍运用的股权激励，或是关注贡献度的关键人动态股权激励，虽可实现贡献度与经济收益相匹配而短暂稳定住技术创业团队，但由于其本质为注重经济利益而忽视决策权力的激励机制，忽略了技术创业团队作为创业者与技术入股型企业中技术人员被雇佣角色的本质不同，难以满足其"创自己事业"的价值追求，导致仍无法实现技术创业团队的长期稳定。

此外，当样本产品的技术指标先进性获得行业认同后，技术创业型企业成长既需要适度补充资金扩大产能，以扩展由技术差异性引领出的市场空间，又面临"智方"初期股权配置因"资方"注资而进一步稀释，与"创自己事业"的目标渐行渐远。不断提高的技术贡献度与不断稀释的技术股权形成显著对比，无疑加剧了技术创业团队"患不均"的心态，挫伤技术创业团队能力发挥的积极性，甚至引发破坏性决裂，导致技术创业团队和出资人的价值共损。

可见，技术创业团队所具有的创业者角色，以及技术创业型企业从原创技术孵化期到成长期技术资本和资金资本贡献程度的逆转，导致传统企业的股权配置方式，或是当前普遍使用的动态股权激励模式，难以缓解因股权配置不合理而引发的创业团队稳定性难题，促使针对技术创业型企业发展特点的股权动态配置理论研究十分迫切。

技术创业型企业股权动态配置的研究，不仅是技术创业型企业发展的迫切需求，资本持有者对高收益项目以及产业结构优化升级的追求，也从不同角度促成技术创业型企业的股权动态配置。

第一，"大众创业、万众创新"背景下，资本与技术自主结合持续低效率，要求针对提高技术创业成功率等相关问题展开理论研究和实践探索。

　　"大众创业、万众创新"引导资本持有者与技术持有者有效对接以技术创业助力创新驱动经济发展的模式形成。《2015 中国高净值阶层财富白皮书》中关于对我国个人可投资资产的统计数据显示，储备总额已经达到了 114 万亿元。同期《国家创新指数报告 2015》显示，2014 年中国 SCI 论文数量连续 7 年居世界第二，发明专利申请量中国以 92.8 万件名列世界第一，2015 年世界知识产权组织（WIPO）报告中国 PCT 国际专利申请增速连续 3 年位列全球第三，紧随美国、日本之后。可见，充足的资金储备、丰富的科研成果，已经为我国技术创业奠定了坚实的基础。

　　然而，据《2016 大学生就业质量研究》统计，在攻读学位过程中掌握的新颖性或原创性技术进行自主创业者不足 1%，远低于欧美等发达国家高学历创业者比例高达 10% 的众数指标，且我国闲置技术成果已达 90%，3 倍高于闲置技术仅为 30%~50% 的日本和美国。而且，以降低创业成本为主要目标的企业孵化器也面临着严峻的发展形势。杨文燮和胡汉辉（2015）测算沪宁杭 45 个国家级科技企业孵化器的运行效率，发现 53.33% 的企业孵化器运行效率相对非有效。iiMedia Research 对我国企业孵化器 2016 年发展状态进行调查，发现我国企业孵化器处于缓慢发展状态占 16.7%，亏损状态占 9.6%，面临破产倒闭状态占 1.8%。可见，技术转化、技术创业、创业企业孵化效率极低的现实状态，直接导致我国科技对经济增长贡献率落后发达国家 20%~35%，核心技术、关键技术对外依存度依然高达 50%（美国和日本关键技术对外依存度为 5%），70% 的高端产品开发需要依靠外援技术[①]。那么，如何激发技术创业者的创业热情？如何形成有效的资本技术对接？如何服务创业企业以保障其实现规模化发展？这急需从理论上进行深入的研究和探讨。

　　第二，产业结构升级中制造业技术引进市场化竞争催生技术创业型企业，

---

① 《国家创新指数报告 2015》。

急需保障此类新兴企业规模化发展的相关研究。

通过对 iPhone 生产价值链的解剖发现，中国企业大多参与生产组装等中间环节，获得的增加值占比仅为 3.6%，大多利润则被具有更强技术能力的日本、德国和美国等国家获取。可见，国际生产力竞争导致对加工的技术含量和生产效率要求越来越高，促使仅依靠低成本战略的"中国制造"积极引进先进技术，进行产业结构优化升级，实现我国制造企业从"微笑曲线"谷底向曲线顶点的转变。我国制造企业技术引进经过了校企合作、产学研合作以及技术入股等多种模式的历史沿袭，在一定阶段满足了企业的技术引进需求。然而随着企业产品技术环节逐渐复杂，上述技术引进模式容易产生人员管理、合同制度及收益分配等现实问题，如何激励技术人员能力发挥以保证技术先进性，更是企业在信息不对称客观存在前提下有待解决的关键难题。

随着技术专业化协作的不断发展，在不断弥补上述制造业技术引进模式不足的市场竞争过程中，逐渐出现了以改进不同产品生产或制造环节的技术为主营业务供给的技术创业型企业。因其专注于某一环节技术的原创性研发生产和行业竞争，能够有效保证技术的市场领先性，逐渐成为制造企业先进技术引入的供给方，而且其以自有技术为核心竞争力，出售技术使用权或技术咨询服务的利润创造方式，直接避免了合作技术更新过程中诸多的收益分配和激励机制难题。然而，现有研究主要集中于对高新技术企业内部技术人员的激励研究，鲜见以此类技术创业的新兴企业为对象展开研究。技术创业型企业作为目前最为简洁的技术转移途径和最为有效的技术持续进步机制，将逐渐由新生事物过渡为制造业成熟技术引进的主要渠道和创新驱动经济发展的中坚力量。那么，以技术创业型企业为对象，对其成立和规模化发展过程中产生的问题展开相关研究是尤为必要的。

第三，创始资金融资困难制约技术创业型企业成立，急需合理融资契约设计以缓解融资约束。

　　创始资金即技术创业型企业在创立后以完成原创技术孵化转化、产品中试、市场检验，直至少量生产经营的所需资金，是注册资本的重要组成部分，在技术创业型企业创立时便由原始出资人投入。由于技术创业型企业不同于一般企业成熟技术的引进行为，需要经过原创技术的孵化转化，以及市场认同阶段，其间存在着诸多不确定因素，给创始资金带来了较大的或然性风险。加之在漫长的孵化和市场认同阶段难以产生利润，导致技术创业型企业在创立初期无法从银行等金融机构获得创始资金支持。目前我国技术创业型企业创始资金几乎都来自技术创业团队的自有资金或亲朋好友的资金支持。根据清华大学经济管理学院中国创业中心在《全球创业观察（GEM）2015/2016中国报告》中披露的数据，91.3%的中国创业者依靠自有资金创业，其中67%的资金来自家庭，33%来自于朋友，而天使资金等风险投资的比例仅为16%。而且，技术创业团队在全职创业时并无其他收入来源，导致其难以承受债权融资带来定期还本付息的心理和资金压力，加上技术创业型企业在孵化期和市场认同阶段难以有利润产出，更是直接降低了通过债权融资获得所需资金的可行性。同时，大多原创技术持有者并没有创立企业的资金能力，导致了原创技术的搁置。可见，创始资金的融资困难，从源头上制约了技术持有者的创业行为。

　　针对创业企业融资困难的现状，现有研究主要从以下两方面展开：一方面提出加强对天使投资、风险投资等机构对创始资金投资的引导，另一方面增加政府创业引导基金，提高创业优惠力度，发挥企业孵化器降低创业成本的作用。但现实中以创始资金的形式进入的投资机构仅占极少数，而更多的是选择在技术经过孵化期，进入市场认同阶段后进行投资，以降低技术孵化不确定性所带来的资金风险。由于政府资金多运用于企业税收等政策性补贴，企业孵化器专注于提供公共基础设施，其目的皆为降低初创企业的创业成本，并无法解决企业的创始资金融资困难。那么，在投资风险、资本逐利客观存在的情况下，合理的融资契约设计成为缓解技术创业型企业创始资金融资约束的关键切入点。

第四，静态股权配置约束技术创业型企业规模化发展，需要股权配置动态化研究。

技术的研发→孵化→产品化→再创新是一个紧密联系的过程，而且在原创技术孵化过程以及后续的革新过程中会不断遇到种种技术难题，技术创业团队作为掌握最初核心技术的关键人员，对原创技术的本质原理以及原创技术改进需求理解更为深入。那么，技术创业团队的长久稳定，成为原创技术顺利孵化和持续改进创新、实现技术创业型企业规模化发展的必要条件。技术创业型企业创立初期面临很强的融资约束，如果技术创业团队掌握控制股权成立企业，导致原始出资人在资金大风险的条件下没有风险控制权力，将难以获得原始出资人的资金支持；如果原始出资人掌握控制股权，虽然有利于企业创始资金融资，但是在技术创业型企业步入发展阶段后，原创技术承载的差异性产品成为企业的核心竞争力，依然坚持原股权配置，因没有公平体现技术创业团队的能力贡献，且无法实现其"创自己事业"的心理愿景，将难以保证技术创业团队稳定，直接影响技术创业型企业的规模化发展。

现有研究多将上述问题归结于技术人员的激励问题，强调采取现金薪酬奖励，或仅有分红权的股权激励，如采用技术入股模式以体现技术人员对企业发展的贡献度。这对于一般技术型企业或技术入股型企业具有适用性且起到了一定的积极效用。但是，对于技术创业型企业来说，相对技术入股一类静态的股权分配方式，无法满足技术创业型企业创立初期创始资金承担大风险且维持企业正常运营而原创技术贡献度极低，发展期企业融资约束大幅降低而原创技术成为核心竞争力的发展规律，仍难以解决技术创业型企业规模化发展中的股权配置问题。可见，如何设计既能体现技术创业型企业孵化期和发展初期创始资金的价值贡献、原创技术在发展初期的核心竞争力地位，又能考虑原始出资人在创立初期对资金风险掌控的需求、技术创业团队"创自己事业"初衷的实现的动态股权配置模式，是保证技术创业型企业规模化发展的必要条件。

综上，创新驱动经济发展已成必然，国家倡导"大众创业、万众创新"意在激发原创技术持有者的创业精神和高学历技术研发人员的创新基因。然而，目前匮乏的创始资金支持、低效率的股权配置模式，使原创技术无异于没有土壤和阳光的幼苗，难以将创业意愿变为现实，更无法保证技术创业型企业的规模化发展。同时，企业融资契约设计和股权配置模式紧密相连，合理的融资契约设计是原创技术持有者融得创始资金的前提，公平的股权配置模式是稳定技术创业团队的基础，两者相互作用形成技术创业型企业成功建立和实现规模化发展的保障。那么，将事前的融资契约设计和企业股权动态配置相联系，满足原始出资人和技术创业团队的本质需求，公平体现创始资金和原创技术的贡献度，基于融资契约设计构建技术创业型企业股权动态配置模式，则成为当下迫切需要解决的问题。

第二节　相关概念界定

一、技术创业型企业

原创技术的应用可区分为两种情况：第一，成熟企业引进先进技术，进行已有产品的完善或革新；第二，对原创技术进行孵化转化，以实现从 0 到 1 的颠覆性产品创新。由于技术创新研发、完善改进是一个循序渐进的过程，前者企业往往选择技术入股形式，在获得技术使用权的同时，以股权激励技术人员对技术革新的能动性，本书将其定义为技术入股型企业。后者是将原创技术作价，以技术资本的形式与投资者的资金资本共同组成注册资本，成立企业完成原创技术孵化、市场测试，最终实现规模化发展，本书将此类企业定义为技术创业型企业。

技术入股型企业具有以下两个特点：技术资本持有人在企业成立时以技术作价的方式获取股份，且该技术资本为企业核心竞争力的关键组成部分。诸多学者认为，技术入股型企业的技术股权不同于物质资本拥有的股权，由于技术入股的股权在一些股东权力上存在限制，导致其与其他资本股份存在股东权力上的不平等。许平（2003）认为技术入股型企业中技术股权可拥有与资本股权相等的知情权、收益权和优先出资权，但不应具有表决权。蔡汝魁（1992）、范健（2012）提出，在实际的商业实践中，技术股权多有完整的收益权，并非完整的所有权，指出一般情况下技术股权应仅在利益分配这一方面与资金股权存在权利平等，且实物承担了更高的风险，那么技术股权持有者不应过多强求控股权，企业管理决策权仍保留在出资方手中。可见，技术入股允许以技术成果的财产权作为无形资产作价出资企业，技术持有者取得企业股权以分享股权收益，契合了技术成果持有者只可激励不可压榨的特点。资金持有人按照技术入股原则，依据企业发展需求引进先进技术，或选择技术成果投资开发以成立技术入股型企业，其本质皆是资金持有人"雇用"技术持有者的创新创业行为。通过成果的差异性特点对技术评估作价，给予技术持有者相应的普通股权或限制性股权，目的在于运用股东身份（有些不具有投票权）激励技术人员充分发挥已有的技术成果、积极展开后续的技术研发。在技术入股型企业中，资金持有人作为创新创业的发起者，享有控股权，具有依据企业发展状况和人员能力水平选择或更换技术人员的权力，也可决定技术持有者的激励方式，如技术再作价、股权激励，甚至是控股权的转移，以保持产品差异性的持久领先，保证企业竞争力的稳定优势。

与技术入股型企业不同，部分学者强调将技术资本产权化，使技术资本与物质资本拥有相同的权力。例如，美国硅谷的创业者股权制，技术持有者在风险资本的支持下以自有技术能力力求颠覆性创新及其产品开发，并满足技术持有者最基本的要求，即创新产品开发成功后技术持有者能够所有，尤其是支配其所创造的效益。类似地，技术持有者以完成原创性技术向差异性产品转化，最终实现"创自己事业"为目标，融得小额创始资金创建技术创业型企业，不同于技术入股型企业中的"被雇用"地位，技术持有者作为技术创业型企业的发起者，拥有与之持有股权相对应的对融资对象、融资模式、利益分配方式等的参与决策权。尽管，创业初期原创技术的成熟度尚处于概念阶段，资金资本承担了原创性技术向差异性产品孵化过程中的诸多或然性风险，且此阶段企业面临着很强的外部融资约束，资金资本展现出专有性特征，导致技术持有者不得不在创业初期接受出资人享有高于行业平均水平的资本收益，甚至持有控股权。但是，不同于技术入股型企业资金持有者具有对控制权转移的自愿选择，技术持有者作为技术创业型企业的创业主体，通过融资模式和利益分配方式的设计，使其持股比例随着原创技术成功孵化、差异性产品逐渐被市场认同而不断增加，最终获得企业的控股权以实现"创自己事业"的初衷。

综合上述分析，技术创业型企业具有以下特点：

第一，创业主体为技术创业团队。不同于技术入股型企业以资金资本持有人作为创业者为企业发展匹配核心技术人员，以技术入股激励技术人员能动性发挥，资本持有人与技术持有者本质属雇佣关系，技术创业型企业为技术持有者以创业者身份运用高收益甚至是创立初期的控制股权吸引资金持有者投入，本质为资金持有人和技术持有者的投融资行为。通过设计合理的融资模式和利益分配方式，使控制股权随着企业不断发展而逐步转移至技术持有者，以实现其持原创技术"创自己事业"的初衷。

第二，出资人以获取高额资本收益为目的，不追求控制股权。美国硅谷、帝国理工学院等以"产出"技术创业型企业著名的地区或机构，其孵化并实现技术创业型企业独立规模化发展的重要因素之一，即保证技术创业团队的创业主体决策，即使为吸引原始出资人大多形成创立初期的资金资本控股，原始出资人也会遵循获得高额资本收益的原则，不追求技术创业型企业的控制股权，技术创业团队随着企业不断发展而获得控制股权，实现"创自己事业"的初衷。

第三，需经过技术孵化、从0到1的颠覆式创新。技术创业型企业必然存在原创技术的孵化转化阶段，需经过孵化期以完成技术孵化转化，在发展初期进行产品的市场认同度检测，在发展期进行企业正常的生产经营，最终实现规模化发展。技术创业型企业进行新产品的创造或新技术的成熟化，其本质是从无到有的颠覆式创新，而非技术入股型企业引进现成技术的本质是对原有技术的改良行为。

具体地，本书将"技术创业型企业"定义为：由持有尚处于概念阶段原创性技术的技术创业团队，融得原始出资人提供的小额创始资金，通过原创性技术向差异性产品的自我孵化、实现"创自己事业"的一类新型企业群体。

二、股权动态配置

股权也称股东权，是指股东因向公司出资而取得的可以向公司主张的各项权利，包括依照法律法规和公司章程的有关规定、规则而享有的参与公司事务并享受财产利益的权利。基于上述股权的基本定义，进一步明确本书所研究的股权概念。本书所指的股权包括两部分内容，即特定股权、剩余股权。能够在企业契约中明确规定且可依据契约进行配置的就是特定股权。因不完全契约的客观存在，那些与特定股权相反，并不能在企业契约中明确规定的股权则是剩余股权。本书所讨论的股权并没有将这两部分股权割裂来看，而是将其当作一个整体进行研究分析。

尽管财务性资源是企业股权配置的起源，然而随着经济的不断发展，仅对财务性资源进行股权配置已经难以满足企业发展需求。以技术和管理为代表的关键性知识资源也成为企业股权配置的主要参与者，尤其在人力资本主导型企业中，技术资本、管理能力等已经成为股权配置的主要参与者。本书以技术创业型企业为研究对象，是典型的人力资本主导企业，除原始出资人投入的创始资金外，技术创业团队持有的原创技术也是参与股权配置的主体之一。因此，本书研究的股权配置即技术创业型企业股权在原始出资人和技术创业团队之间的配置问题，其动态性是基于技术创业型企业"先小资本大风险孵化、后大资本小风险发展"的阶段性特征，控制股权经过孵化期到快速发展期，逐渐由原始出资人动态转移给技术创业团队的过程。

三、夹层融资

"夹层"即"Mezzanine"，英文中将其解释为"底楼与二楼之间的夹层楼面"。对于"夹层融资"的定义，具有如下代表性的观点：《英汉路透金融词典》主要是从收益的角度对夹层融资进行定义的，认为它是指一种性质介于优先债券与股本之间的资本融资方式，决定了其收益也介于股权融资和债券融资之间，具体的夹层融资的收益比优先级债券高，但是长期收益率比股权融资低。我国学者谢剑平在《现代投资银行》一书中对"Mezzanine Financing"进行了界定，将其翻译为双重特性融资，除肯定夹层融资的债、股双性质外，强调了夹层融资的清偿顺序仅次于优先债权人的特点。孙景安（2005）是国内较早研究夹层融资的学者，并结合国外已有观点，对夹层融资的概念和特点给予了较为完整的定义，从不同利益相关者角度阐述了夹层融资的特点：对于融资者来说，因夹层融资对股权具有较小的稀释程度，相对于股权融资成本较低；对于投资人来说，夹层融资给予了固定利率的资本回报，相较于股权融资而存在债权融资收益率稳定的特点。

综合国内外学者对夹层融资的概念界定，本书认为夹层融资介于债权与股权之间，且具有债权融资和股权融资双重性质；在资金费用方面，因其可采用类似于债权融资给予固定利率的特点，使其融资成本低于股权融资；在权益方面，相对于优先债权其具有股权融资的性质，但其清偿顺序又优于股权融资，而且夹层资本很少寻求控股权，而以获取资本收益后退出为目的。同时，本书并非对已有夹层融资工具的应用，而是侧重于以夹层融资概念为基础，灵活运用夹层融资的特点和运作机理以设计夹层融资契约的收益分配方式和资金退出机制，形成适用于技术创业型企业的夹层融资契约。

第二章　文献综述

本章主要从融资契约、企业股权配置及两者关系对已有研究观点进行梳理和评述，并着重针对目前创业企业融资与技术参与股权配置的研究进行梳理和总结。

第一节　融资契约的研究现状

随着企业契约理论的发展，国内外学者开始从契约角度研究企业资本结构。区别于纯资本结构理论侧重讨论各种融资工具的最优占比，融资契约理论则是以最优化融资契约设计，发挥融资契约的治理效用，达到缓解利益相关者摩擦的目的。本节在梳理融资契约理论发展的基础上，从以下两方面进行文献梳理：融资契约的治理效用、创业企业的融资契约。

一、融资契约理论发展及其治理效用研究

融资契约理论有广义和狭义之分。将交易契约局限于资本市场中物质资本之间的因投入和使用形成的投资者索偿交易，即为狭义的融资契约。然而，

随着经济的不断发展，市场中的企业不仅包括物质资本，而且由多样化的独立要素组合形成，诸多此类要素最终都可以归结为两类资本，即物质资本、人力资本。由于对人力资本的着重强调，逐渐产生了广义的融资契约。不同于狭义融资契约局限于物质资本要素，广义融资契约则重视了人力资本要素在市场上所形成的交易契约。那么，广义的融资契约不只是包括狭义的融资契约，尤其涉及人力资本要素交易条件及其参与下的收益分配，以及与人力资本相关的其他不论是显性还是隐性的一系列财务契约达成。融资契约理论（也称金融契约理论）关注的焦点在于金融契约关系的建立如何影响决策权力在企业家和投资者之间的配置，进而影响到双方收益。该理论认为由于信息不对称和非理性等客观存在，导致企业家和投资者双方的契约是不完全的，也就是说契约难以将全部可能发生的情况及交易双方的责任和义务写进合同。正是由于不完全契约的客观存在，引发了股权以及不同权力配置对企业经营效率的影响。Hart（2001）提出，因不完全契约在企业中的客观存在，导致企业融资契约的设计不仅关系到利益相关方对收益的要求，还关系到企业决策权力的分配。融资契约理论的研究核心，即运用融资契约的签订来调整企业的融资结构，进而实现企业家和投资者的股权配置。可见，融资契约设计不仅是合理融资结构选择的问题，更重要的是运用决策权力的分配构建利益相关者相互依存和作用的制衡机制。

根据投资者对企业治理的参与方式和参与程度的不同，将融资契约分为两类：债权融资契约和股权融资契约。债权融资契约是指债权人以保护投资资本的安全和投资收益的获取，以契约的形式与企业达成明晰规定，本质是依据一定的规则进行运作的融资契约。股权融资契约是基于企业所有权出让的增资模式，伴随着新的股东引进或股权的转移，总股本同时增加，本质属于关系型融资契约。债权融资契约和股权融资契约能够将最主要的企业参与者通过契约设计而相联系。同时，上述两种融资契约目前属于企业的核心财务契约。西方经济学家关于现代融资契约理论的探讨是以 MM 定理为始端，借鉴现代契约理论发展的最新研究成果，基本沿着以下两条线路发展：

一条线路是通过放松对称信息基本假设，借鉴信息经济学、委托代理理论等建立不对称信息下的融资契约。代表性的研究成果如下：Ross（1997）认为负债水平提高增加了企业破产的可能性，使企业家面临更强的声誉损失风险，那么高企业负债即为企业家对预期经营业绩具有信心的信号显示。Leland 和 Pyle（1977）提出企业家对投资回报的期望平均值与其投资资本占总资本的比例呈正相关，即能够通过企业家自有资金投入的比例估计投资回报水平。Grossman 和 Hart（1982）分析了债务契约如何缓和企业家和投资者（股东）之间的冲突，认为破产对企业家的约束有效性取决于企业融资契约安排，尤其是契约形成的负债股权比，提出债务融资可以被作一种缓和投资者和企业家冲突的契约机制。Diamond（1991）则提出企业家会根据项目的盈利状况进行融资契约选择，预期项目可盈利时企业家会选择短期负债融资，预期项目不能盈利时则会选择长期负债融资。可见，该条线路强调了信息因素和人的理性行为，但忽视了不确定性因素，即该理论仅仅关注于融资契约中的价格和信号，而忽视了控制权变量，这也决定了该条线路的融资契约只能是外生契约。

另一条线路是通过放松契约当事人完全理性的基本假设，建立不完全契约下的融资契约理论，将控制权配置的问题引入融资契约中，这一改变使融资契约的研究更加接近于现实。Hart（1995）设立模型分析了具有债务契约性质的控制权配置问题，认为如果企业家在规定期限足额偿还借款及利息，那么企业家保留控制权，并将其持有至到期日，反之投资者则有权利终止项目。Williamson（1988）将交易费用理论引入融资契约中，认为股权契约促使投资者具有更强的资产控制和监管的权力，可以有效控制资产专用性投资伴随的资金风险，而债务融资契约赋予投资者的资产控制和监督权力极其有限，因此专用性投资程度高的项目更加适用股权融资。与前条线路不同，该条线路强调的是不确定性因素与人的有限理性或充分理性，但假设信息是对称的，而对于第三方是不可证实的，因而契约是不完全的。由于契约的不完全性，控制权的分配成为了该条线路研究的重点，这也决定了该条线路的融资契约本质上是内生契约。

国内学者则聚焦于融资契约的治理效用，尤其在债权融资契约治理效用方面得到了与国外研究的相异结论。不同于国外研究普遍认为债权融资契约对管理者道德风险行为的约束作用，我国学者在对上市公司的债务融资契约治理效应进行大数据的实证检验中发现，我国企业的债务契约大多并未发挥其应有的治理效用，债务治理处于很低的水平[①②]。郭泽光等（2015）以 A 股上市公司为研究样本进行实证研究，结果表明目前我国上市公司的债务治理效应遭到严重扭曲，债务融资契约不能很好地发挥激励约束作用。赵晓琴和万迪昉（2017）将管理者行为分为增加企业利润或股东利益的生产性活动和为自身谋求利益的非生产性活动。对比股权融资契约、债权融资契约和可转换债券契约发现，企业选择股权融资契约时两类活动投入双低，选择债权融资契约时两类活动双高，只有可转债融资契约下多任务管理者生产性活动投入虽下降但仍维持较高投入水平，而其非生产性活动投入又较低。

二、创业企业融资契约的相关研究

适时融得足额资金是创业型企业顺利发展的关键。Bygrave 等（2003）在对 29 个国家的创业企业进行研究时发现，资金不足是导致创业失败的首要因素，难以使知识和技能转化为有利的社会资源。Li 等（2013）指出，不论

① 于东智. 资本结构、债权治理与公司绩效：一项经验分析 [J]. 中国工业经济，2003（1）：87–94.
② 赵静梅，傅立立，申宇. 风险投资与企业生产效率：助力还是阻力？ [J]. 金融研究，2015（11）：159–174.

处于哪一发展阶段的创业企业，资金的适时融得和合理运营是企业得以持续发展的主要因素之一。然而，处于种子期和初创期的创业企业，由于企业的技术风险、财务风险和市场风险较大，成长性难以预料，有形资产较为缺乏等原因，绝大多数都难以得到机构风险投资的支持。张帏（2007）在对我国中关村留学人员的创业行为进行调研时发现，有50%以上的企业抱怨融资困难。加上创业企业的增长潜力往往受制于有限的内部资本，严重依赖于外部融资渠道，而获取适合的外部融资的机会有限，对于创业企业无疑是雪上加霜。于晓宇（2011）提出，企业创立初期面临极强的融资约束已经成为制约创业企业成立的关键，并建议应从设计合理的融资契约以提高资本结构决策效率出发，解决创业企业的融资难题。但现有文献较少针对创业企业进行整体的融资契约设计，而是更多地从融资渠道、融资工具等方面分别展开研究。那么，本书从创业企业融资来源、融资工具选择两方面，对现有研究进行梳理。

（一）创业企业融资来源

国内外学者针对创业企业面临的融资困难现象，从融资渠道利弊对比和选择等方面展开了创业企业融资来源的讨论。Zhang 等（2008）提出，创业融资的渠道分为两种：一种是通过市场手段进行融资，如进行银行贷款，或是积极引入风险投资；另一种则是通过亲戚的资助，或运用朋友和同事的社会关系网络获得资金，并且提出通过社会网络融资成为创业企业融资的主要渠道。Rompers 和 Lerner（2005）对市场融资方式进行细分，提出创业企业的融资渠道主要有以下四种：天使投资、风险投资、银行贷款、上市融资，由于银行贷款在企业规模和经营业绩方面有较高的要求，而上市融资更有十分严苛的标准，导致创业企业难以从这两种渠道获得资金，因此天使投资、风险投资是创业企业最好的融资渠道。陈耀刚和姜彦福（2002）认为，在融资环境和条件不佳的情况下，有较高核心能力柔性的创业企业可以通过自我积累的方式来积累企业生存和发展的所需资金。总体来说，现有研究认为，除了自有资金，创业企业可以选择以下三种渠道进行融资：

第一，天使投资等风险投资机构。Hellmann 和 Puri（2000）以硅谷中的创业企业为研究对象，通过样本数据分析发现风险资本更倾向于搞创新、高技术型的企业。龙勇和常青华（2008）认为突变创新的高技术创业企业更容易通过风险资本获得融资。Hellmann 和 Stiglitz（2000）讨论了风险投资融资的利与弊，强调了风险投资在企业发展战略规划和公司治理等方面能够表现出较好的积极作用，以促进创业企业的发展。Kortum 和 Lerner（2000）研究了风险投资与企业创新的关系，发现有风险资本参与的企业其研发投入是一般企业的 3 倍之多，而且其专利创新程度也偏高。Ueda 和 Hirukawa（2008）则从风险投资的经验积累方面切入研究，探讨了风险投资经验积累对创业企业的积极作用。张家慧等（2012）通过模型推演发现风险投资契约的设计能够影响其创业者在项目中的努力水平。然而，部分学者认为风险投资并未发挥出应有的效用。Berger 和 Udell（1998）研究发现，在创业企业的融资来源中，风险投资仅占 2%，而自有资金的比例可达 31%。Davis（2003）的研究也证实了上述观点，发现 90% 的创业企业并不是通过风险投资融资的，创业企业的资金有 95% 以上来自风险投资以外的渠道。Winton 和 Yerramilli（2008）通过实证研究提出了引入风险投资的较优条件，认为当企业已经具备一定的行业竞争力但盈利水平处于偏低状态，且企业所处的环境不确定性对战略发展选择具有较强影响，一定程度上增加了企业的现金流风险时，选择风险资本融资才是有效的。李新春等（2015）研究发现，由于天使投资与技术方存在信息不对称，容易导致严重的逆向选择行为，且天使投资多是由情感、能力、信任判断是否给予资金支持，其自身并没有对技术未来发展的判别能力，导致投资成功率低，增加了资金承担的风险。Ding 等（2014）的研究进一步证实了上述观点，由于天使投资人与技术持有者多以技术入股的方式形成一对一的投资关系，加上天使投资人偏好以创业企业所处行业、拥有的实物资源等而非投资对象未来的发展前景决定是否出资，这增加了投资失误的概率、加剧了投资人的资金风险。

第二，政府创业投资引导基金。创业投资引导基金是政府利用杠杆效应按市场化方式运作，引导社会资金进入创业投资领域的资本形态。Lerner（2010）从信号发送假说和良性循环假说出发，理论分析认为政府引导基金的投资选择具有信号传递效用，能够通过缓解资金和项目间的信息不对称而对社会资本产生引导作用，形成政府资金引导社会资本投入优秀项目的良性循环，为社会资金后期进入创业投资市场铺平道路。但是，Leleux 和 Surlemont（2003）以欧洲 15 国为样本，实证检验发现政府引导基金和社会资金之间并不存在因果关系。Cumming 和 Macintoch（2006）对加拿大政府建立的 LSVCC 进行研究发现，LSVCC 并没有展现出优异的运作效率，相反甚至降低了社会资本的注入，进而影响了投入资本的总量。Brander 等（2008）的研究给出了相同的结论，即加拿大的政府引导基金显现出了对社会资本的基础效用。张译文（2014）对我国创业投资引导基金进行研究发现，我国大部分引导基金是由政府独资设立，在很大程度上成为地方政府招商引资的工具，加之受到政府对基金存续期限和保值保本的要求，为了规避风险更愿意投资处于成长和成熟期的企业与风险较小、盈利前景明朗的项目。倪文新等（2013）提出我国引导基金的子基金都带有本土化倾向，对创业企业的资金支持出现了"择地不择优"的现象。Rolf 和 Hellmann（2000）对德国政府为引导社会资本进入创业投资而设立的 WFG 计划进行案例研究，认为 WFG 利用政府资金承担损失、投资回报对投资活动决策者没有激励作用等运营模式的设计弊端，是导致 WFG 失败的主要原因。不同于 WFG 计划，Trajtenberg（2002）研究发现，以色列的 YOZAM 计划将项目选择权交给基金管理者和私人投资者，使投资项目的成长性与私人投资者收益挂钩，形成了极大的激励效应。

第三，各类融资平台。郭菊娥和熊洁（2016）提出，随着互联网的普遍使用，通过互联网进行股权众筹也是创业企业获取资金的渠道之一，众筹平台在吸引更多大众投资者参与融资活动的同时，通过收取交易费用可以督促创业企业更有效的努力，减少企业与投资人的道德风险，为大众创业提供良好平台。1959 年 Joseph L. Mancuso 首次提出了企业孵化器，主要是为企业提供基础设施以降低创业成本，但随着创业企业对全面服务要求逐渐提高，企业孵化器开始了商业化运营，种子资金的提供、与风险投资机构的合作等，使其逐渐成为创业企业能够选择的融资渠道。Elitzur 和 Gavious（2011）通过对美国、奥地利等国家进行调研发现，大多企业孵化器已经具备了投资能力，入孵企业可以在企业孵化器中获得相应的资金支持。Barbero 等（2014）提出，将孵化器对创业项目的充分了解、风险投资对市场信息和商业运营的专业判断结合起来，加上风险投资具有为技术创业提供持续资金供给的能力，能够发挥促进技术孵化和技术创新创业。因此，我国学者纷纷提出效仿发达国家实施孵化器与风险投资相结合的做法。然而，由于风险投资存在短期逐利的投机心理，倾向于投资已经显现良好发展前景的项目，我国企业孵化器的技术甄别能力薄弱，加上多被赋予增加税源、扩大就业等的政府职责，两者结合并未发挥预期效用。杨文燮和胡汉辉（2015）以截至 2013 年底沪宁杭 45 个国家级科技企业孵化器为研究对象，对其运行效率进行测算，发现 53.33% 的企业孵化器运行效率相对非有效。

（二）创业企业融资工具选择

国内外学者还对创业企业的融资工具选择展开了讨论。Kaplan 和 Strömberg（2000）认为，如果创业企业选择权益性资本，会选择以各类优先股权而非普通股权进行融资。Bettignies 和 Brander（2007）通过数据统计分析发现，高风险企业会选择债务融资，而低风险企业会选择股权融资方式。唐伟（2005）提出，当外部投资者投入的资金比例低时，可选择普通股的股权融资，当资金投入比例较高时，可选择可转换债券或可转换优先股。李竟成（2007）以我国的创业企业为研究对象，集中分析了此类企业的融资契约安排，得到我国创业企业的融资契约安排逻辑顺序：强势行政协调的股权契约—半强势行政协调的债务契约—半强势市场协调的债务契约—强势权威协调的股权契约—弱势权威协调的股权契约。吴少新和王国红（2007）认为融资工具的选择与创业企业所处阶段的资金风险紧密相关，大资金风险偏好股权融资，小资金风险则选择债权融资。罗震等（2013）针对创业企业导入时期的融资策略进行研究，对民营资本应选择股权融资还是债权融资的方式投入创业企业展开了研究。研究认为债权模式是民间资本投入创业企业的首选，股权融资模式的选择是建立在该融资模式下民间资本获得的收益高于债权融资时，且投融资双方博弈通过后才能达成股权融资模式。还有诸多学者基于生命周期理论，结合创业企业不同发展阶段的特点，研究对应的资金需求和投融资特征。Adelman 和 Alan（2002）将创业企业划分为种子阶段、创建阶段、成长阶段、加速成长阶段、成熟阶段，并提出不同阶段的融资渠道和方式：种子阶段的资金主要来源于自有资金，伴随着部分天使投资以及政府创业引导基金的支持；创建阶段则表现为风险投资为主的融资方式，而自有资金和政府创业引导基金为辅助来源；成长阶段的主要融资方式仍是风险投资；加速成长阶段则可扩展到除风险投资之外的其他投资公司；成熟阶段则可通过银行贷款、市场的债务融资以及上市融资进行所需资金的融得。

三、夹层融资的相关研究

国内外对于夹层融资的研究较少，尤其是国内研究，仍局限于对夹层融资概念的定义和运行原理的介绍。本书主要从以下三个方面对夹层融资的研究进行综述：夹层融资的内涵、夹层融资的特点，以及房地产、银行和中小企业运用夹层融资的可行性等。

Nockless 和 Pak（2005）提出"夹层"的概念源自华尔街，是在企业融资需求激增，但房产等固定资产抵押价值不断降低，而且股权质押以获取贷款逐渐被人们接受的经济背景下出现的。孙景安和尹惠兰（2006）明确了夹层融资的含义，将夹层融资定义为一种在债权融资和股权融资之间的融资模式，投资者持有的是夹层资本，融资者获得的是夹层债务。周绍朋和傅璇（2006）提出夹层融资的利益回报来源于高于银行利率的现金票息、股权的溢价赎回或转让，以及股权认购或累积期权。傅璇（2004）统计得到了夹层资本的偿还期限以及收益率情况，认为夹层资本一般是在融资协议达成后的 3 ~ 8 年分期偿还本金，其类似于债权的固定收益率一般处于 10% ~ 15% 的水平区间，投资项目的综合回报率平均可达 20%~30%。Berman（2005）从抵押贷款的角度区分了其与夹层融资的区别，主要在于抵押物的不同：抵押贷款是以实物为抵押物的，而夹层融资则是以企业股权为抵押物的，导致夹层资本投资人间接地掌控融资人的资产。丁盛（2009）提出夹层融资不仅有债权的求偿性，也有股权的求分配性，不追求控股为目标是其较为特殊的点之一。

夹层融资提供还款期限为 5~10 年的资金，可依据投融资双方的现金流要求，设计交易结构和还本付息期限分布结构，而且对资本稀释程度较低，对融资者来说具有优势。同时，投融资双方在事前已经明晰退出机制，保证了资金的按时偿还，而且夹层资本的偿还顺序优于一般股权融资，那么夹层资本的投资者可以更好地保障资本偿还，既降低了投资者承担的风险，又提高了资本的收益。

现有研究对夹层融资的应用研究主要集中在房地产项目融资、银行资金补充、解决中小企业融资困难等方面。翟家誉（2011）以房地产融资为研究对象，对夹层融资和股权融资展开对比研究，发现一般的股权融资对收益率的要求很高，甚至高达 25%~40%，远远高于夹层融资的收益率要求，加上股权融资周期较长，而且过多的股权融资会导致企业股权的严重稀释，认为夹层融资在房地产项目融资中更具有适用性。徐霞（2016）提出随着国家不断推行房地产调控政策，逐渐加大了对信托机构、银行的监管力度，房地产企业在融资方面呈现出资金紧张、融资不畅等现象，在这样的背景下，夹层融资更容易受到青睐。杨军和吴燕（2013）通过对国际银行资本补充实践的研究，发现国外银行很多资本补充工具都带有夹层融资的性质，提出积极探索应用夹层融资工具是改善我国银行业资本现状的有效手段之一。McDonald（2007）从欧美中小企业融资不足的现实问题出发，将夹层融资引入中小企业融资中，结合夹层融资的特点和中小企业的资金需求，从理论层面分析了夹层融资对中小企业融资的适用性，并提倡中小企业加强对夹层融资的运用。英英和萨如拉（2011）提出，中小企业面临着使用股权融资获得所需资本却导致股权稀释难以获得控制权的现实问题，但又没有足够的企业规模或盈利能力以获得银行贷款或债权融资。而夹层融资是介于股权融资和债权融资之间的融资模式，在中小企业的融资中具有较好的使用意义。刘志东和宋斌（2007）通过对联华信托公司发行准房地产信托基金"联信·宝利"7 号的案例分析，进一步证实了夹层融资对解决中小企业或项目融资困难的有效性。

第二节　　股权配置的研究现状

企业股权配置一直以来都是公司治理研究的核心问题，国内外学者对该问题进行了丰富的研究。本书从股权合理配置对股权治理效用发挥的积极作用、股权配置依据和模式、动态股权激励和股权动态配置等方面进行企业股权配置的相关研究综述。进一步针对本书研究对象，对技术资本参与股权配置、技术股权比例确定等问题进行技术股权配置的文献综述。

一、企业股权配置的相关研究

股权合理配置的积极作用。股权合理配置能够有效提高企业治理效率已是学界的不争结果。李连华（2002）对公司治理结构的发展过程展开研究，发现公司治理结构由经理层中心主义发展为股东会中心主义，再发展为董事会中心主义，虽然经过了上述发展，但是仍然没有有效解决公司治理中出现的诸多问题，并提出建立以股权配置为中心的公司治理结构思想能够有效提高公司治理效率的结论。陈永庆和王浣尘（2002）在对风险企业股权配置问题进行研究时发现，由于风险企业特殊的信息结构特征，导致风险企业家和风险投资家之间存在严重的委托–代理问题，双边激励是其中一个主要的道德风险问题，提出股权结构的安排有助于激励两者为风险企业倾注努力。Anderson 等（2003）以家族企业为研究对象，分析了家族企业中的债务代理成本问题，发现合理的股权结构具有缓解股东及其债权人利益冲突的积极效用。吕景胜和邓汉（2010）通过对我国中小板制造类上市公司的经验数据分析，肯定了股权治理结构是公司治理机制的基础。

智力资本主导企业的股权配置。在明确合理股权配置能够发挥对企业治理积极效用的同时，诸多学者对创业企业，尤其是技术密集型的创业企业的股权如何配置、依据什么配置等问题展开了讨论，尤其是人力资本如何参与股权分配。部分学者遵循交易费用理论，将技术研发、管理能力等视为企业的人力资本，认为人力资本与物质资本相同，都具有参与企业股权配置的权利。Hart 和 Moore（1990）强调组织或合约安排的目的和功能在于保护专用性投资免受套牢或"敲竹杠"等机会主义行为的侵害，认为企业的股权应配置给那些投资专用性资产的人。然而，杨瑞龙和杨其静（2000）在研究中发现，上述观点过于强调非人力资本的作用，且专用性并不是物质资本独有，也未说明相关当事人凭借什么力量来享有什么样的企业所有权。在后续研究中，杨瑞龙和杨其静（2001）提出，专用性资本实际上削弱了其谈判力，专有性才是当事人获得企业所有权谈判力的基础。颜光华等（2005）通过理论分析，提出资产专用性和专有性是资产的二重性，支持资产专有性是获取企业控股权的源泉，企业股权在物质资本与人力资本所有者之间分配取决于两者资产的专有性强弱。方世建（2006）从企业能力理论的视角出发，证明了技术的专有性和异质性使企业具有竞争力，应将技术的专有性和异质性纳入企业股权配置范围。黄载曦（2007）通过对高新技术企业的研究发现，技术资本的特殊之处在于其能够从专用性向专有性转化，专有性技术资本对企业价值的创造具有重大作用，并且无法被其他人力资本替代，那么股权配置需要充分考虑专有性技术资本的需求。黄蕾（2012）认为股权配置对风险投资机构和创业者都能够产生极大的影响，若风险机构投资创业企业并持有大比例股权，控制股权的流失会直接打压创业者的积极性；若给予风险投资较少股权，因与其资金风险承担不匹配，难以吸引风险资金的投入。因此，合理的股权配置对建立风险投资与创业者的促进关系尤为重要。徐梦周（2011）从谈判视角构建了风险投资股权配置及其谈判力来源的理论框架，并进行实证分析，发现创业企业发展初期风险投资的资金规模与其持股比例存在正相关关系，因而创业者经历与风险投资规模呈负相关，进而导致了创业者经历与风险投资持股比例的负相关关系。但是上述关系仅存在于创业企业创立初期，随着创业企业不断发展，上述关系逐渐趋弱。

可见，不同于"资资合作"企业股权在物质资本间的配置，技术创业型企业聚焦于如何在物质资本与技术资本间有效配置股权。关于股权在物质资本与技术资本之间配置依据的研究，可基于资本专用性和资本专有性，将现有研究归类为两类主流观点（见表2-1），具体地：

表2-1　资本专用性、专有性与股权配置的主要研究概述

配置依据	指标量化	技术资本持股比例确认方法
资本专用性	投入成本	投入成本及机会成本总价值
		技术成果总价值比技术成果总价值与运用该技术的成本之和
		入股时点技术价值（投入成本）占企业净资产之比
资本专有性	单位经营周期的贡献度	技术人员所负责项目的净收益与公司当年总的净收益之比
	未来收益的产出	技术人员持股比例与企业借助该技术获得的未来收益相关
	超额收益	可分配收益减去行业平均水平资本收益后的剩余收益

第一，强调组织或合约安排的目的和功能在于保护专用性投资免受套牢或"敲竹杠"等机会主义行为的侵害，认为股权应配置给那些存在风险承担能力、具有可抵押特点的专用性资产，以匹配其在企业风险中所面临的诸多不确定性。基于资本的专用性，学者主要从投入成本展开技术资本股权分配比例的量化。

第二，强调以资本专有性为基础进行企业股权配置。支持此观点的学者认为，专有性资本对企业价值的创造具有关键作用，且无法被其他资本替代，若以资本专用性确定股权配置，忽略了资本持有者因资本专有性而产生的谈判能力，难以形成合理的股权配置。基于此观点的研究，多以资本对企业发展的贡献度衡量资本专有性，并以此为依据进行股权配置。

针对人力资本占主导的企业，国内外学者提出了双层股权结构。彭真明和曹晓路（2016）指出，双层股权结构的优点在于通过现金流权和所有权的分离，既实现了企业所需资金的融资，又可以有效避免股权融资带来的控制权稀释。Gomper等（2004）认为，创建人之所以采用双层股权结构并非出于经济利益方面的考量，而是由经济利益之外的个人满足感出发，以保证自身控制权的选择结果。Fischel（1987）以家族企业为研究对象，分析了控制股权持有者身份不同对企业发展的影响。研究发现创始股东掌握控制股权能够有效缓解管理层的短视行为，有利于企业长期发展，企业可以选择类似双层股权结构给予管理者现金流权，以促进其能力发挥。蒋小敏（2015）对美国双层股权结构进行研究，发现采用双层股权治理结构的公司，其财务杠杆率会大于单一治理结构的公司。一方面，双层股权结构公司区分了现金流量权与投票权，公司的创始人团队可以在获取最小的现金分配份额同时掌控最大比例的投票权，其相对于单层股权结构的公司而言，会显著提高公司的治理效率。可见，双层股权结构具有诸多优点，但是也有部分学者对此类股权结构产生怀疑。Simmons（1987）认为双层股权结构最直接的缺点即让渡控制权使股东难以有效监督管理层行为，容易对企业发展产生不利影响，而且导致了所有权和控制股权的永久分离。另一方面，以形成双层股权结构为目标的股权重置，除上述增加代理成本、不利于股东利益等不足外，还会明显降低企业的收购价值。Seligman（1986）研究发现，双层股权结构虽然可以避免敌意收购，但是也削弱了外部市场和内部独立董事对管理人员的监督力度，导致管理人员将高分红承诺难以实现的风险转嫁于股东，直接降低了管理效率。可见，双层股权结构能够使创始人在任何阶段都掌握企业的控股权，但却削弱了外部市场和内部董事会对其的监督力度。尤其是我国规定双层股权结构的企业不可在 A 股上市，导致这一股权分配方案难以在国内推广使用。

动态股权激励和股权动态配置。收益分配敏感体现业绩贡献的需求，将股权静态配置推向动态配置，尤其是针对企业"关键人"贡献度展开的多次股权结构调整研究。其中研究成果最为丰富的即动态股权激励和动态股权制。

动态股权激励能够敏感、科学地反映员工在某一经营周期的业绩贡献，将员工个人业绩、员工持股比例、股权分红相联系，使员工利益与企业绩效、股东利益保持波动的一致性，因而相对于静态股权激励更适合对人力资本能动性的激发。现有研究以案例分析[①]、理论分析[②]、模型构建[③]等研究方法，系统分析了企业动态股权激励模式，总结即：基于每位员工静态初始股权比例，依据其业务（项目）给公司带来的税后贡献率超过其初始股权的部分计算动态股权激励比例，每年计算一次且不延续至下一年。可见，现有动态股权激励的研究，明确了股权动态化的积极作用，实现了业绩贡献与收益分配相匹配，并形成了较为统一的动态股权激励模式。但是其以企业与技术人员的雇佣关系为前提，这与技术创业团队"持技术、创事业"的心理初衷不相吻合，对激发技术创业团队能动性发挥和稳定性保持存在一定的指导局限性。

关于股权动态配置，聚焦于股权动态配置对新创企业绩效的影响作用研究。郑晓明等（2017）从创业团队心理所有权出发，提出股权配置和创业团队心理所有权相匹配，能够产生很好的激励作用。朱仁宏等（2018）从创业者人力资本激励和保护创业者权益角度出发，认为清晰的股权配置是创业成功的基础，提出股权配置应根据各成员在创业成长不同阶段的表现进行适度调整。可见，创业企业股权配置实现动态化，对企业发展具有显著的积极作用。但是，关于创业企业股权动态配置的研究仍处于初级阶段，鲜见涉及"智资"双方之间股权动态配置理论及其治理效用方面的系统研究。

二、技术股权配置的相关研究

本书从技术股权的特征、技术资本参与股权配置的作用、技术股权的比例确定三个方面，梳理技术资本参与股权配置的相关研究。其中技术股权的比例确定为阐述重点，以为本书的后续研究奠定基础。

---

① 郑玉刚.两种动态股权激励机制的比较——以动态股权激励模型与价值中国网赠送博客股权为例[J].上海经济研究，2009（1）：99-103.

② 郑玉刚，彭梅艳.国有企业经营者动态化激励约束策略探讨[J].经济与管理，2009，23（9）：42-46.

③ 张秀兰.制度约束下的上市公司动态股权激励模型的修订与改进[J].贵州财经学院学报，2011（3）：37-41.

技术股权的特征。诸多学者基于技术入股的运作原理对技术资本参与企业股权配置的概念和特征进行了界定和阐述。王伟强（2008）认为技术资本参与股权配置就是技术持有者用其知识、技术换取企业股份，用股份来参与企业分红的一种对技术人员的激励形式。许平（2004）认为技术入股是技术成果提供方入股技术成果而获得的一定的虚拟股份，但技术股权不具有投票权。柴国荣等（2005）提出，技术入股是一种以分享资产所有权的资金和技术合作的方式。黄乾（2005）认为技术入股是技术人员将其技术资本折股投入企业，按照其占有的股份份额的比例获得股权收益并承担有限责任的企业组织制度。可见，目前对技术参与股权配置的理解无外乎三个方面：促进企业技术人员进行技术研发创新的激励机制、获取外部成熟技术的使用权或所有权方式、形成技术资本与资金资本的结合创业的模式。

技术资本参与股权配置的作用。国内外学者肯定了技术资本参与股权配置对激励技术人员研发热情和创新热情的能动的积极作用。郭英远和张胜（2015）引入"知识光谱"的概念，发现如果技术创新主要由隐性知识构成，那么以股权方式鼓励科技人员参与并主导技术成果转化更有效。许秀梅和金贞姬（2015）提出应重视技术资本产权化对技术人员能动性发挥的积极调动作用，允许技术人员参与剩余利润分配是企业核心竞争力先进性保持的保障。同时，刘华芳和杨建君（2014）通过实证检验，证明了将技术资本产权化，给予技术人员相应的股权以提高其技术更新和研发的热情，有效促进其研发能力和能动性的发挥。曾爱青等（2004）也肯定了技术人员参与企业剩余收益分配的重要意义，认为技术资本股权化，或给予技术人员股份增值权能够产生较好的激励效果。胡振华等（2015）也认为给予技术持有者部分股权能够提高其研发创新的热情。

技术股权比例。为促进技术入股最大限度发挥积极作用，我国的相关法律对技术资本的持股比例进行了规定。具体的规定变化如表2-2所示。

表 2-2　技术资本股权比例范围的法律规定

年份	相关法律	内容
1992	《有限责任公司规范意见》《股份有限公司规范意见》	无形资产（不含土地使用权）作价所折股份，其金额一般不得超过公司注册资本的 20%
1993	《中华人民共和国公司法》	以工业产权、非专利技术作价出资的金额不得超过公司注册资本的 20%
1999	《中华人民共和国公司法》	技术作价金额在其注册资本中比例原则上不得超过 20%，但对于高新技术入股例外
1999	《关于以高新技术成果作价入股有关问题的通知》	以高新技术成果出资入股，作价金额在 500 万元以上，且超过公司或企业注册资本 35% 的，由科技部审查认定
2005	《中华人民共和国公司法》	全体股东的货币出资金额不得低于有限责任公司注册资本的 30%
2013	《中华人民共和国公司法》	有限责任公司的注册资本为在公司登记机关登记的全体股东认缴的出资额

由表 2-2 可知，1992 年有明确的比例限定，到 1999 年有 35% 的比例限定，但高新技术入股比例可审查，有放宽高新技术作价比例限制的趋势。2005 年实际上是将技术入股出资占注册资本的比例提升到最高可以达到 70%，而在 2013 年便取消了对非货币出资额比例的限制。可见，我国相关法律对技术资本等无形资本占注册资本的比例规定是趋于宽松的。这也从另一个侧面反映出技术资本产权化对激励技术人员技术创新的积极作用。

学者对如何确定技术人员股权持有比例展开了探讨。Hellmann 和 Thieve（2012）提出以个人特征为基础，选取个人资历、能力、风险等指标，综合计算出技术人员的个人素质，以此确定持股比例。雷宏振等（2011）通过实证研究提出，技术人员的持股比例随着知识贡献、知识投入水平、知识黏性的增加而提高。郭丹和杨若邻（2015）同样支持雷宏振等以知识贡献为判定标准提出的以人力资本贡献率为依据计算技术持有者应分配的股权比例。与此相类似的是，Banker 等（2010）以未来收益衡量技术贡献度，提出技术人员持股比例应与企业借助该技术获得的未来收益相关。于东阳和高卫东（2009）也提出以技术人员对某一项目的贡献度为股权比例的确认标准，具体提出以净收益为基础，即将项目的净收益与公司当年总的净收益之比确定为该技术对企业总收益的贡献度，进而计算技术人员的持股比例。也有部分学者以技术研发投入成本衡量技术人员持股比例。秦江萍（2004）依据某一技术在创新过程中投入的成本及其机会成本的总价值确定持股比例。Yanadori 和 Cui（2013）则提出以投入成本为计算依据，以入股时为时间窗口，以技术投入成本占企业净资产的比例确定该技术持有人员的持股比例。许平（2004）以风险和收益相对应为原则，以某技术的投入成本为出发点，提出以技术总价值与技术总价值和运用该技术的成本之和的比值计算持股比例。

第三节　融资契约与股权配置的相关性研究

现有研究已经认识到融资对企业股权的影响，并对其展开了丰富的研究。关于通过融资契约调整股权配置使其发挥更好的治理效用，现有研究大多仍处于理论分析层面。本节首先对融资契约与股权配置关系的相关理论发展进行梳理，之后从融资方式（工具）与控制股权配置、控制股权相机转移与融资工具两方面展开企业融资与股权配置关系的文献梳理。

一、融资契约与股权配置关系的理论发展

资本结构理论、融资契约理论、证券设计理论等都从不同角度强调了企业融资契约设计对股权配置的影响。其中，融资契约理论已经在前文对其发

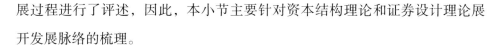

展过程进行了评述，因此，本小节主要针对资本结构理论和证券设计理论展开发展脉络的梳理。

（一）资本结构理论

资本结构理论是企业融资行为研究的主要理论基础之一，其中的企业控制权理论更是体现了企业融资与股权配置的关系。一般情况下，将资本结构理论划分为两个部分，即经典资本结构理论、现代资本结构理论。经典资本结构理论的相关研究主要聚焦于三个方面：第一，资本结构与企业价值的关系是什么？第二，企业的最优资本结构是否存在？第三，什么样的资本结构为最优，要怎样衡量其最优性？现代资本结构理论经过多年的发展和积累，形成了委托代理理论、信号传递理论、融资优序理论等内容。

国内外学者通常将委托代理理论、信号传递理论、融资优序理论称为激励理论。委托代理理论以最小化代理成本为依据讨论资本结构问题，认为股权融资和债权融资在企业中的占比主要是由投资人和经理人之间的代理成本决定的，达到最优资本结构的条件是股权融资和债权融资两类融资方式占比的边际代理成本和总代理成本都为最小。而且资本结构相异也会导致其对经理人的激励效用不同。道德风险模型和逆向选择模型构成了代理理论的两类模型。企业的资本结构隐含着公司的现有运营能力和未来发展前景，其所具有的信息反应能力为信号传递理论奠定了核心基础。信号传递理论倾向于通过研究企业资本结构的隐藏信息来判断企业的发展状况。因其具有一定的外部传递性，企业的管理人员会以最小化传递负面信息为标准来影响企业资本结构的形成。信号传递理论提出了公司发展前景与融资方式选择的关系：若公司具有很好的发展前景但股价在市场中被低估时，会更加倾向于选择债权融资；当公司发展前景不佳但股票价值很高时，会倾向于选择股权融资。融资优序理论探究了企业融资方式选择的规律，并对不同的融资方式进行了优劣排序：内源融资为最优，股权融资为最劣，一般情况下企业会优先选择内源融资，之后是债权融资，最后为股权融资。

Jensen 和 Meckling（1976）在其资本结构的契约理论中首次提出资本结构的公司控制权理论。由于债权融资中债权人不具有投票权，而企业普通股东是具有投票权的，形成了资本结构和企业控制权的紧密联系。经营者占有的股份越多，其控制能力也就越强，可运用其对企业控制权的掌控形成有利于体现企业良好市场价值的资本结构，或使其更倾向于自身的偏好。企业的资本结构一方面明确了企业剩余利润如何分配，另一方面也确定了企业剩余控制权如何分配。委托代理理论、信号传递理论、融资优序理论多把股票和负债看作资本的不同回收方式，而企业控制权理论则强调股权融资和债权融资在投票权上的本质差别，即股权融资使投资者持有企业普通股进而拥有参与企业日常经营决策的投票权，但是债权融资中的债权人只有在公司面临破产清算时才存在投票权。通过对已有研究成果的梳理，可将控制权理论的研究划分为两个不同的理论体系：第一，将股权融资和债权融资看作外生的融资工具，以是否具有投票权为基础，企业控制权由占有多数股权的一方获得为原则，分析资本结构的不同对企业利益相关者投票权的影响；第二，以不完全契约为基础，强调股权融资和债权融资的内生性，研究在高效率控制权配置下，应如何设计金融证券以达到控制权配置和现金流分配的最优。

（二）证券设计理论

国内外学者从不同角度对证券设计理论的研究内容给予了界定。杨其静（2004）认为证券设计理论实际上是从契约视角研究企业融资活动中的股权配置问题。杨介棒（2007）对比传统的资本结构理论和证券设计理论，并将其都归结于资本结构理论中，传统资本结构理论仅强调融资工具的选择，或不同性质融资在企业总融资中应占有的合理比例，将债券、股票等融资契约的形成看作外生的。而证券设计理论从融资契约的内生出发，讨论不同融资工具对具体企业的最优性，探讨怎样进行融资契约设计而最大限度地减少利益相关者之间的利益摩擦。换言之，传统资本结构理论强调在管理者能力确定时，以实现公司利益最大化为目标，通过不同的融资工具选择实现资本结构的调整。而证券设计理论考察的是应赋予每种证券的持有人多大参与公司决策的权力，目的在于实现企业控制权掌握在高水平、高竞争力的人手中，避免低能力者对控制权的持有，进而保障企业价值最大化的实现。综合不同学者对证券设计理论的研究，证券设计理论实际上是以融资契约设计为基础，融资工具选择为手段，企业及其相关者利益最大化为目的，企业股权配置及其治理效用发挥为核心，来形成企业较优证券系统，通过融资契约设计和融资工具创新达到利益相关者摩擦最小化的目标。

证券设计理论的研究范围因不完全契约理论的提出而发生了变化。早期证券设计理论是针对股东与债权人展开的，以缓解两者冲突为目标，对现金流的最优配置进行契约设计，从而使投资者愿意提供足够数量的资金来满足企业的投资需求。证券设计理论是从逆向角度研究企业融资工具问题。随着完全契约理论向不完全契约理论的发展，放松了信息可被完全准确预测，且行为能够被准确监督执行的假设，将证券设计理论由静态分析引入到动态分析，开始探讨如何设计融资契约，以实现企业的控制权在投资人和企业家之间的转移，以降低各种证券持有者之间的利益冲突，是进行事前契约设计以平息竞争冲突的研究范畴。总结起来，证券设计理论包括两方面的内容：第一，将股权融资和债权融资看作融资工具，分析其最优的配置比例及其达到最优的条件；第二，不再局限于对已有融资工具比例选择和配置的研究，而是根据企业发展需求设计新的适用性证券。

可见，证券设计理论更加强调通过融资契约的创新设计，实现企业股权在投资人和企业家之间的合理配置，消除相关者的利益摩擦，以达到更有效的股权治理成果。静态的股权配置已难以满足企业的发展需求，促使证券设计理论的发展逐步过渡到实现股权的动态配置上。那么，对于技术创业型企业来说，如何运用证券设计理论以设计股权动态配置的融资契约，成为技术创业型企业能否寻找到原始出资人并及时获得足额资金支持的关键，也是技术创业型企业保持技术创业团队稳定以实现企业规模化发展的保障。

二、企业融资与控制股权配置的关系

Jensen 和 Meckling（1976）首次将企业资本结构与控制权理论结合进行探讨和研究，此后国内外诸多学者从不同角度讨论并肯定了企业融资工具、融资方式选择与控制股权配置的关系，以及在不完全金融契约理论下控制股权相机配置的必要性。

Willamson（1988）认为股权融资和债权融资不仅是融资工具，更是企业治理结构的重要方面和股权配置的关键，那么股权融资和债权融资自然成为控制权获得和分配的基础，进而形成不同比例下的控制权结构。股权和债权的比例构成依据企业融资方式的选择而变化，进而形成不同的企业控制权配置和治理结构。刘淑芳（2007）在研究中肯定了不同融资方式的选择对企业控制权配置形成的重要影响，提出企业控制权的配置是由融资方式选择决定并形成的，融资方式选择的变化也会直接影响企业融资结构的变化。由于股权融资和债权融资具有对公司不同的控制功能，导致从不同方面产生了对企业控制权的影响，而且由于融资结构在企业中具有关键的治理效用，进而直接影响了企业的控制权争夺。陈耿和刘雪峰（2010）首先肯定了控制权安排受到融资结构选择的影响，之后又探讨了债权和股权的不同性质对控制权的不同要求。债权人为保证投入资金的安全和稳定，仅对企业具有一般控制权的要求，但依据股权融资的投资者，因其通过资金投入获得了企业的股权，除一般控制权外，还产生了对企业核心控制权的需求，并且核心控制权需求随着投资人持股比例的增加而不断增加。Hellmann（2012）强调如果控制权取决于有选举权的股票，那么金融工具的选择和资本结构的形成是企业控制权配置的直接影响因素。王声凑和曾勇（2012）依据企业不同阶段的资金需求，分析了企业控制股权随着阶段性融资的重新谈判和转移过程。陈庭强等（2014）对风险企业融资和控制权配置问题进行研究，认为企业融资契约最主要的组成要素就是控制权的配置及其产生的激励约束效用，控制权转移和激励约束是风险企业融资契约的重要组成要素，目前关于风险投资合约的关键研究集中于控制权配置和融资工具选择方面。以满足风险企业需求为目标建立合理的融资结构，一方面要尽量扩展此类企业的融资渠道，另一方面需要通过合理的控制权配置吸引更多的投资者加入，并且要设立合理的激励约束机制，做到将压力与动力一并赋予风险企业的经营者。那么，就需要风险企业全面衡量风险与收益、控制权配置与收益分配、企业当前业绩与未来发展趋势，以求达到获得资金、控制权掌控、收益分配公平的状态，最终以合理的融资结构做出科学的融资决策。仇荣国和孔玉生（2016）以科技型创业企业为对象，分析发现企业控制权是科技型小微企业风险融资的重要工具，且企业获得融资额与剩余控制权呈正向关系，与特定控制权呈负向关系。马永强（2004）分析认为创业资本的契约安排是选择最佳控制权配置、形成高效治理结构的过程，而上述过程的实现则基于较优融资结构的形成，融资结构直接影响着企业的融资成本和控制权安排，所以创业资本家持有不同种类的证券，就会有不同类型的控制权配置状态。

国外学者以不完全契约理论为基础，进一步探讨了企业融资与控制股权配置的关系。不完全契约下所讨论的企业融资，本质上是在契约不完全的前提下对企业的金融契约进行设计，重点在于解决有效分配剩余控制权的问题。Grossman 和 Hart（1986）提出由于契约不完备的客观存在，促使金融契约的设计和资本结构的形成成为企业控制权配置的直接影响因素，并认为现实情况下负债契约即为企业的最优融资契约，因为负债融资契约在企业经营状况良好、可以满足债权人的资本收益时，控制权为企业家所持有，但是当企业经营状况不好、难以满足资本收益而濒临破产清算时，控制权则转移至投资人手中，以此形成的控制权转移能够带来较高的企业治理效率，促使有效的投资行为产生。Zender（1989）运用模型推导对上述问题进行了研究，从控制权配置和收益分配的匹配，并结合融资结构的信号传递特点，提出应根据企业传递出的信号好坏对企业控制权进行安排。股东在经营信号好的情况下持续持有企业控制权，但在企业经营信号不好时，应将控制权转移给债权人，并提出单一的债权融资契约难以满足企业需求，而应同时考虑股权融资契约。Aghion 和 Bolton（1992）则提出以企业单位运营周期期末的收益状态决定下一期控制权应配置于哪一方主体，这是由于契约不完备的客观存在，导致无论事先将控制权配置给哪一个主体，结果都是促使其非效率行为的产生。由此形成了著名的控制权转移模型（Control Transfer Model，GTM）。该模型认为高效率的控制权配置应依据投资项目的收益好坏进行，项目收益情况较好时将控制权配置给企业家，使其保持现有的投资规模以维持高效率的投资行为，在项目收益情况不好时，则将控制权转移至投资者，投资者为保护资金安全进行项目清算，以避免企业家的持续低效率投资行为。随后，诸多学者对 CTM 模型展开进一步的深入和拓展研究。Dewatripont 和 Tirole（1994）基于 CTM 模型，进一步研究了现金流权和控制权的关系，认为仅对投资者进行货币收益的激励并不足以吸引到资金投入，还应强调与资金风险相关的控制权激励，即企业经营状态不好，投资者能够获得控制权以保证资金安全。Hart 和 Moore（1998）表示较优的融资契约设计应加入债权人对剩余控制权的相机掌控，即企业对债权人有固定比例的收益承诺。当该固定收益无法满足时，债权人将获得剩余控制权，并对资产进行清算。

最先对上述问题进行讨论的国内学者运用博弈论的研究方法对风险投资家和风险企业家在事前和事中的博弈行为进行研究，发现两者博弈均衡出现在风险企业家为风险投资家的资本投资让渡出部分控制权，以满足风险投资家控制企业的心理需求。王勇（2003）认为融资结构对控制权配置的直接影响在契约不完全性下更为突出，而融资结构的变化则源于不同融资工具的特点和选择，进而控制权配置也会随着融资工具的选择而相异，那么控制权安排不仅要考虑融资结构累积效用，而且要重视融资工具的选择。劳剑东和李湛（2004）也强调在合约不完全的情况下，任何一种融资活动均可视为一项金融合约安排，且状态相机控制权分配有利于创业企业的融资。邢军峰和范从来（2014）在不完全合约框架下研究了融资额度和融资工具选择对控制权配置的影响。融资额度的大小和融资工具的选择决定了企业的融资结构，而融资结构的形成又决定了控制权的配置。单边控制、相机控制和联合控制各有自己的适用条件，每种控制权分配都可以通过融资工具的选择来实现，即控制权分配和融资结构紧密相连。融资额较小时，企业发行无投票权的股权，融资额较大时，可发行债券或可转换证券，更大的融资额则需要通过有投票权的股权融资。

三、融资工具选择与控制股权相机转移

已有研究普遍认为企业控制股权的相机配置为较优，并且肯定了融资工具对控制股权相机配置实现的积极作用。现有文献进一步分析了不同融资工具对实现控制股权相机配置的适用性。

基于不完全契约理论，Berglof（1994）结合可转换债券分析了一种创业资本签约理论，认为将债务融资与股权融资特点相结合的可转换债券，在企业经营不佳时，投资者可实施如清算权的控制权进行干预以保护自身的利益免受损失。Repullo 和 Suarez（1998）也认为可转换债券是能够有效解决风险投资家与风险企业家在控制权配置和收益分配方面产生冲突的较优融资工

具，因为可转换债券不仅能够通过固定利率的资本收益满足风险资本对资金利益的追求，而且存在未来获得企业股权的条件，满足了风险投资者在期初对企业股权的诉求。Hellmann（1998）提出可转换证券可以实现现金流权与控制权的分离，能够很好地保证投资者的收益。Cestone（2012）提出可以根据风险投资家能力在企业发展过程中的重要程度选择是否给予其股权，或给予其怎样的股权。如果企业不仅需要风险投资家的资本注入，还需要其专业能力以指导企业快速发展，那么应给予风险投资家有控制权的优先股，如果并不必需风险投资家的专业技能，则可以给予其无控制权的优先股。Bascha和Walz（2012）从不同角度肯定了可转换证券对控制股权相机配置的作用。国外学者也通过数据统计的实证研究发现了可转换证券的普遍运用，尤其是在风险资本投资中。Kaplan 和 Strömberg（2003）对美国创投机构投资创业企业的融资工具选择进行了调研，并对合作中的财务合同进行了数据统计和分析。研究发现在 213 轮风险投资中有 170 轮是以可转换优先股为融资工具的。Bengtsson 和 Sensoy（2011）也对美国的风险投资现状进行了调查研究，在融资工具选择方面发现，使用有限制优先股的占到 25%，不参与企业控制股权配置的占到 29%，剩余的 46% 则都为无限制的优先股融资。

　　我国学者同样讨论了不同融资工具对企业控制股权相机配置的作用研究，普遍得到了可转换债券更为适用的相似结论。燕志雄和费方域（2007）对我国数据统计发现，我国风险投资也倾向于选择可转换优先股，但风险投资家普遍存在分别规定收益分配权和企业控制权的权力大小的现象。但是与 Kaplan 和 Strömberg 的研究相同的是，他们也认为风险投资家获得的控制权和收益应该与企业业绩呈正相关，在企业面临破产时，风险投资家应掌握企业的控制权。吴德胜（2005）通过风险资本投资的财务契约模型建立，对可转换优先股对控制权的影响作用，以及控制权遵循状态依存的原则进行了解释，肯定了可转换证券在配置投资者与企业家间剩余索取权和控制权的作用。

李建军等（2010）对比研究纯粹的债权融资、纯粹的股权融资以及可转换优先股融资工具下，风险投资家实施事后控制权的治理效率，研究发现基于债权融资的控制权转移容易导致风险投资家对项目的过度控制；与此相反，股权融资则表现出控制不足，但是可转换优先股使风险投资家实施社会最优的控制强度，解释了风险投资中大量使用可转换优先股，并且在事前的风险投资合同中分别规定风险投资家现金索取权和控制权的普遍现象。徐细雄和刘星（2012）提出可转换债券不只是操作简便的融资工具，并且在加强保护投资者利益和提高公司内部治理效率等方面具有较优效用，而且可转换债券未来条件下的债转股为实现控制权的转移和合理配置提供了有利渠道的观点。

第四节　研究评述

本书从融资契约、企业股权配置及其治理效用、融资契约与企业股权配置的关系、夹层融资等方面对相关已有研究进行了详细的梳理和研读，并重点梳理了创业企业融资契约和技术股权配置的已有研究。对文献进行梳理、研读后发现：现有研究肯定了股权合理配置对企业健康发展的治理效用，资本结构理论中关于企业控制权的相关研究，强调了资本结构设计或融资工具选择对企业控制股权配置存在显著影响，说明本书从技术创业型企业创始资金的融资设计出发，研究企业股权的动态配置具有科学性和合理性。股权配置方面的已有研究认为，人力资本拥有与物质资本参与股权分配的同等资格，夹层融资的相关研究已经详细讨论了夹层融资的含义、特点和基本运作原理，这为本书讨论技术创业型企业股权在原始出资人（物质资本持有者）和技术创业团队（人力资本持有者）之间的动态配置，设计基于夹层融资基本运作原理的创始资金融资契约，为通过融资契约的设计和运用实现技术创业型企业股权公平合理的动态配置奠定了坚实的理论基础。但是，现有研究仍然存在以下不足：

（1）无论是创业企业融资设计还是其与企业股权配置的相关研究，仍是运用传统资本结构理论讨论企业融资工具的选择，如可转换债券的作用，或探讨不同性质融资应占有的比例，如股权融资和债权融资处于怎样的比例为较优，少有文献涉及创业企业融资契约设计，及其对企业股权动态配置的实现作用，即如何设计最优融资契约以实现企业股权公平的动态配置，最终达到缓解企业相关者之间利益摩擦的效用。而这却是技术创业型企业可否适时融得所需资金，能否长久保持团队稳定的关键问题。

（2）虽有促进技术研发成果积极转化或激励技术人员研发能力能动发挥的技术入股模式，或给予技术人员没有投票表决权的双层股权结构，但其并非完整的技术资本产权化过程。上述方法的本质皆为多分配经济利益而少给予决策权力的激励方式，仍将技术人员视为被雇佣者，与技术创业团队"创自己事业"的心理愿景相违背。加之现有关于技术股权配置比例的确定方法多属静态比例，难以体现技术创业型企业发展过程中资金资本与技术资本的贡献度变化，而公平体现技术创业团队能力能动性的贡献是保持团队长久稳定的前提。尽管以张维迎为代表的学者提出以资本专用性研判企业控制股权属物质资本持有者，或以杨瑞龙、杨其静为代表的学者，提出以资本专有性呈现速度确定股权在物质资本和人力资本间的分配，但两方学者皆未明确资本专用性或资本专有性呈现速度的衡量方法，且仅考虑资本专用性或专有性具有一定的片面性，因此，相关研究仍需要进一步深入讨论，设计合理的衡量方法以实践指导企业股权配置。可见，现有关于技术资本参与股权配置的研究，以及股权配置的衡量依据，对指导技术创业型企业存在较大的局限性，急需从理论和实践上进行深入完善。

（3）国内外对夹层融资的创新运用研究相对贫乏，几乎均集中于对夹层融资含义、特点和基本运作原理的介绍阶段，或探究了夹层融资在房地产、银行和中小企业融资中的适用性和可行性，十分缺乏更为深入的理论研究和实践探讨。尤其是鲜有研究将夹层融资运用于企业融资契约设计中，更未见到将夹层融资运用于实现股权配置的研究。而夹层融资的运作原理对于指导技术创业型企业融资契约设计具有很强的借鉴意义，且用创新灵活的融资契约以引导民间资本投入技术创业领域是打通民间资本与技术创业型企业结合渠道的前提，也是解决技术创业型企业融资难的关键。因此，对夹层融资的运用进行深入的理论分析和实用设计是十分迫切的。

鉴于上述研究基础和不足，本书以设计合理的融资契约、实现技术创业型企业股权公平的动态配置为目标，系统分析技术资本产权化、参与企业股权配置的理论机理，并结合技术创业型企业发展的阶段性特点和股权动态配置的客观需求，设计夹层融资契约，得到基于夹层融资的技术创业型企业股权动态配置模型。最终为技术创业型企业实现适时融得所需资金、长久保持团队稳定提供理论和实践指导。

第三章　股权激励优化融资结构的经验证据

基于融资契约视角构建技术创业型企业股权动态配置，首先需要明确股权配置或股权激励对企业融资行为的影响机理和路径，为后续通过企业融资建立股权配置模型奠定理论基础。本章分别以上市公司和高新技术企业为研究对象，通过对上市公司股权激励与外源融资结构的研究，得到普适性结论，为更多企业实施股权激励或优化融资结构提供参考，进一步选择对高新技术企业展开研究，以得到更贴切技术创业型企业的研究结论。

第一节　上市公司股权激励调节外源
融资结构的实证研究

上市公司董事会构建经理团队并监督其经营管理行为的运营模式，使经理层成为企业融资决策制定的参与者和执行者。企业能否构建良好的外源融资结构很大程度上取决于经理层的能力和能动性，即具有显著业务能力的经理层是否能动地以企业利益为出发点，设计最优的融资方案，以积累形成有利于企业发展的融资结构。然而，经理的经济人属性、有限理性、信息不对称性和机会主义倾向等特征，极易触发经理管理防御行为，即经理为了追求个人收益最大化而做出符合自身偏好却不利于企业和所有者的融资决策。那么，如何缓解因经理管理防御引发的非最优融资决策行为？股权激励能否通过"利益一致"的优势发挥优化融资结构的作用？本节将围绕上述两个问题，以我国上市公司为分析对象，梳理股权激励调节融资结构的作用机理。

一、股权激励调节外源融资结构的理论分析

（一）经理管理防御对外源融资结构的影响

出于自身利益考虑，股东和经理团队在融资选择上存在取向差异，股东将负债作为提高经营效率的工具，因此偏好构建以债权融资为主的外源融资结构。然而，管理防御动机导致经理团队产生与股东不一致的外源融资结构。

融资优序理论提出，企业融资时将优先考虑内源融资，其次为债权融资，最后考虑股权融资，即内部融资、外部债权融资、外部股权融资成为企业融资的较优顺序。构建债务融资为主的外源融资结构要求企业按期支付债权人本息。若经理层无法按时支付利息或偿还本金，将直接减损企业对外债务信誉，影响企业再融资，甚至是企业各项涉外经营活动。董事会很可能以运营不善为由更换经理层成员。如此，不仅动摇经理人的核心管理地位，影响其外部声誉，而且会直接影响经理再求职。不同于债权融资定期还本付息的"硬约束"，股权融资对股利支付未做硬性要求，成为对经理层的"软约束"。股利发放的多少以企业盈利为基础，企业盈利能力又受到宏观经济环境、行业发展状况等多因素影响，不发放或较少发放股利只能说明企业运营状况不好，并不能直接反映经理层的资金运营状况。因此，构建股权融资为主的外

源融资结构，有利于经理层规避资金运营不善而引发的被解雇风险，同时降低了经理层资金运营的压力。另外，信息不对称和契约不完备，加之自身利益最大化的管理防御动机，促使经理层不会选择限制或有损自身利益的外源融资结构。现被普遍使用的以企业利润增长为考核基础的"年薪奖励机制"，即股东与经理层协议约定以经营利润的某一百分比作为奖金奖励，促使经理层倾向于选择经营利润最大化融资模式。用于股权分红的"利益"为息前税后净利润加上年初未分配利润，再减去协议约定的奖金奖励及公积金后的利润。股利分配处于支付经理层奖金之后，不影响经理层奖金总额，而债权融资利息却存在直接缩减经理层奖金的空间。可见，为保证自身利益最大化，经理层必然会规避需支付利息的债权融资为主的外源融资结构。

债权融资分为短期债权融资和长期债权融资，短期债权融资的借款期限不超过一年或一个经营周期，长期债权融资的借款期限在一年或一个经营周期以上。经理层为缓解企业资金周转困难而必须选择债权融资时，因短期债权融资不仅会增加一个经营周期的融资频次，且第一期能否按时兑付直接影响下一期融资，无形中增大了经理层的经营压力和信誉风险。可见，经理层为了规避短期本利偿还带来的资金周转压力，而偏好构建长期债权融资为主的债权融资结构。

（二）股权激励对外源融资结构的调节作用

因经理层和股东利益不一致引发了管理防御动机，进而产生偏离企业和股东价值的融资结构。那么，要避免经理层管理防御动机对企业外源融资结构的不利影响，缓解经理层与股东利益不一致成为关键。从产权交易理论出发，股权激励是企业股权交易的一种形式，股东借助股权激励将部分产权分配给经理层，将企业经理层纳入到企业所有者的利益轨道上来，改变经理层融资决策的出发点。因股权融资必然导致总股本增加，而股东与经理层协议约定的股权激励数额不会改变，导致股权融资直接稀释了经理层的持股比例，加上总股本增加引发单位股利减少，两方面共同作用使经理层股权分红收益降低。因此，在股权激励作用下，经理层为保全自身利益，会纠正股权融资偏好，而一定程度上倾向于构建以债权融资为主的外源融资结构。

此外，股权激励的长期效用能够调节经理层的长期债权融资偏好。经理层一味选择长期债权融资，目的是通过其长期性分散资金周转压力。若出现借款前期运营效益不好，相比于短期债权融资短期内必须还本的要求，长期债权融资仅需要支付利息，经理层实际上将归还资金的压力积攒在债务周期的后期。若企业经营状况依然低迷，经理层可为规避经营不善带来的声誉损失而选择离职。由此，经理层摆脱了长期债务融资不能按时偿还本金的风险，却将其转移给企业，企业需承担因经理层经营不善而导致的信誉损失。股权激励的长期性促使经理层考虑长期收益。若经理层坚持选择长期债权融资，形成以长期债权为主的融资结构，实际上是将还本付息压力统一积攒在债务后期。尽管该外源融资结构在短期内无法显现出对企业经营的影响，如果一旦爆发，将对企业产生巨大威胁，直接导致企业资金问题甚至是资金链条断裂，这一现象，对内表现为经营困难，对外则表现为股价下跌。股权收益导致经理层不愿轻易离职，股价下跌却会引发经理层股权收益降低，甚至出现股价跌破行权价格，经理层将面临股权损失。那么，实施股权激励后能够通过股权收益引导经理层在合适条件下选择债权融资。可见，股权激励能够调节经理层对长期债权融资的强烈偏好，从而引导经理层选择短期债权融资。

综上理论分析可知，股权激励运行原理使其成为股东监督经理层的有效机制，促使经理层做融资决策时考虑自身与股东的共同利益。同时股权激励的长期性引导经理层考虑融资决策对融资结构的长远影响，由此，股权激励能够调节企业的融资结构。

二、实证研究设计

（一）研究样本与数据来源

收集我国主板市场 2006~2014 年进行融资的 972 家上市公司作为样本公司。对样本公司做出如下筛选：

（1）由于金融行业上市公司财务数据不具有可比性，剔除金融类上市公司；

（2）剔除 ST、PT 及数据不全的公司；

（3）剔除股权激励对象不包括经理层的上市公司；

（4）为保证经理层管理防御对企业融资结构影响在时间上具有匹配性，剔除总经理被迫离职的上市公司。

（二）变量选择及度量

1. 融资结构

现有研究大多将融资结构与资本结构等同，认为总负债占总资产的比例即为融资结构，然而只利用负债进行衡量并不能全面反映企业融资结构。因此，综合考虑融资方式和融资期限，选择股权融资率与债权融资率衡量企业股权融资、债权融资，选择长期负债占总负债的比例作为债务期限结构的替代变量。为避免内生性影响，本书对指标进行滞后一期处理。

2. 股权激励

以是否实施股权激励衡量，实施股权激励赋值为 1，未实施股权激励赋值为 0。

3. 经理层管理防御

GONE 理论认为导致舞弊行为的诱因有四种：贪婪（Greed）、机会（Opportunity）、需要（Need）、暴露（Exposure）。"需要""贪婪"要素使经理层具有管理防御动机；"机会"要素为经理层实施管理防御行为提供便利；

"暴露"要素通过增加被发现的可能性约束经理层管理防御行为，四个要素相互作用影响经理层管理防御水平。因此，依据 GONE 理论设计经理层管理防御的衡量指标。

"需要"和"贪婪"取决于行为个体的主观判断，与行为个人特征有关，研究经理层管理防御必须从其个人特征入手。黄越等（2011）认为经理人性格差异影响经理决策，经理性别成为导致经理性格差异的主要因素。李秉祥等（2013）提出受传统观念影响，相较男性我国女性不易找到高薪工作且不易晋升，导致女性经理固守职位的防御动机更强。Eaton 和 Rosen（1983）认为，相较于年轻人具有更多升职、跳槽机会，年长经理由于人力资本流动性下降增加了转换工作成本，故竭力避免任何有损职业安全的决策行为，导致经理管理防御程度高。Michael Spence（1973）的信号传递模型提出，信息不对称使学历成为代表经理能力的重要甄选标准，低能力经理在求职中不占优势，具有较高维护现有职位的管理防御动机。转换新的工作使经理在职消费减少，Gilson（1989）研究发现 52% 的经理离职后 3 年内无法在其他公司担任要职，严重增加了经理转换工作成本，经理倾向于维护现有利益，导致管理防御水平提高。可见，性别、年龄、学历、转换工作成本等成为衡量管理防御的可选指标。

"机会"是动机转化为行为的有利条件，主要体现在经理权力方面。经理层受董事会监督，对董事会的侵入程度直接影响其对董事会的控制，即决定了经理层权力大小，具体包括总经理与董事长两职合一、内部董事比例、任期。两职合一导致公司内部控制机制失效，削弱董事会独立性，从而降低董事会对经理层行为的有效监督，内部董事比例增加使经理层自利性决策容易获得更多董事投票支持，导致董事会不可能有效履行评价和解雇总经理的重要职责。同时，随着任职期增长，经理层在企业中的影响力逐渐增加，较长时间在企业关键岗位任职使经理层容易掌握董事会的监督方式，削弱董事会监督效用，有利于经理层实施管理防御行为。更为重要的是，经理层对控制权的迷恋随着任期的增加而增长，建造"经理帝国"的欲望更加强烈。可见，任期越长，经理层固守职位和追求自身利益最大化的防御动机越强烈。

"暴露"因素限制了经理层行为空间，形成对经理层管理防御行为的约束。股东组建董事会负责经理层的任用及行为监督，股东及董事会成为经理层管理防御行为的主要约束力。经理层提出的重大经营决策需要经过股东大会审批通过才可执行，如果股权集中在少数股东手中，即企业股权集中，有利于强化股东对经理层管理防御引发的自利性决策行为的监督效用。独立董事是企业聘用的但与企业利益无关的外部专家，具有相对的独立性，且出于维护自身声誉的考虑，对经理层的监督力度较强。因此独立董事比例越高，经理层实施管理防御行为被发现的概率就越大。另外，经理人需要通过配合达到一致的防御目的，经理层团队的异质性是影响团队配合的重要因素。经理层成员之间的认知差异导致交流成本增加，容易产生无效讨论，从而错过实施防御的机遇。更为重要的是，经理层异质性引发的认知差异会削减团队凝聚力，不利于经理层实施管理防御行为。

综合上述对经理层管理防御影响因素的分析，构建能够反映经理层管理防御核心内涵的指标体系，具体的变量选择及定义见表3-1。

表 3-1　经理管理防御衡量指标

指标名称	替代变量	定义
需要和贪婪	性别	女性占比
	平均年龄	经理层年龄平均值
	学历	硕士及以上学历人员占比
	平均转换工作成本	薪金收入 + 在职消费[①]

[①] 在职消费由现金流量表"支付的与其他经营活动相关的现金流量"附注中，经分析后的办公费、差旅费、业务招待费、通信费、出国培训费、董事会费、校车费和会议费替代。

续表

指标名称	替代变量	定义
机会	两职合一	总经理和董事长两职合一为 1，否则为 0
	内部董事比例	内部董事占董事会总人数比值
	平均任期	经理层任期平均数
暴露	股权集中度	第一大股东持股比例
	独立董事比例	独立董事占董事会总人数比值
	经理层异质性	包括性别异质性、年龄异质性、学历异质性、任期异质性、转换工作成本异质性。性别、学历为离散变量，选择赫芬达尔系数测度（H）；年龄、任期、转换工作成本为连续变量采用变异系数（CV）测度。 $H=1-\sum_{i=1}^{n} p_i^2;\ CV=\dfrac{\sigma}{|\mu|}$ 其中 P_i 表示第 i 类经理人占总经理人数的比例，σ、μ 分别表示标准差和均值

本章选择 CRITIC 法对管理防御指标赋权，该方法适用于特征变量冲突性较高的数据。首先，分别对经理层基本特征指标、经理层异质性指标及管理防御一级衡量指标进行 Pearson 相关性检验，考察变量之间的相关性，结果见表 3-2。

表 3-2　Pearson 相关性检验结果

需要和贪婪因素				
	性别	平均年龄	学历	平均转化工作成本
性别	1			
平均年龄	0.320	1		
学历	0.098	0.041	1	
平均转换工作成本	0.079	0.154**	−0.217	1

续表

机会因素			
	两职合一	内部董事比例	平均任期
两职合一	1		
内部董事比例	0.218	1	
平均任期	0.249	0.136	1

暴露因素							
	股权集中度	独立董事比例	性别异质性	年龄异质性	学历异质性	任期异质性	转换工作成本异质性
股权集中度	1						
独立董事比例	0.124	1					
性别异质性	−0.009	0.162	1				
年龄异质性	0.104	0.024	0.193	1			
学历异质性	0.175	0.147	−0.220	0.047	1		
任期异质性	0.117	−0.031	0.003	0.371	0.035	1	
转换工作成本异质性	0.006	0.034	0.237	0.218	−0.132	0.313	1

经理层管理防御一级指标 Pearson 相关性检验结果		
	需要和贪婪	机会	暴露
需要和贪婪	1		
机会	0.501	1	
暴露	−0.125	−0.014	1

通过 Pearson 相关性检验转换工作成本与年龄在 0.01 水平上显著相关（p=1.154，Sig.=0.03），其余变量均不显著相关。结果与实际相符：年龄大的经理在公司工作时间长，人力资本专用性强，若经理转换工作会因资本专用性产生更大的转换工作成本。可见，本书指标选择及样本数据适用 CRITIC 法，赋权结果见表 3-3。

表 3-3　赋权结果

需要和贪婪因素权值	性别	0.086
	平均年龄	0.193
	学历	0.327
	平均转换工作成本	0.394
机会因素权值	两职合一	0.432
	内部董事比例	0.241
	平均任期	0.327
	股权集中度	0.119
	独立董事比例	0.076
	性别异质性	0.015
	年龄异质性	0.091
	学历异质性	0.231
	任期异质性	0.170
	转换工作成本异质性	0.298
一级指标权值		
需要和贪婪		0.327
机会		0.339
暴露		0.334

通过上述赋权结果计算样本公司管理防御得分，并对其进行描述性统计，

结果见表 3-4。

表 3-4   样本公司管理防御描述性统计

统计量	数值
均值	10.731
1/3 分位点	9.985
中位数	10.503
2/3 分位点	11.090

如果依照众数及中位数划分管理防御程度，存在样本数据集中部分难以划分的问题，导致研究组和对照组中一部分的管理防御程度过于接近，弱化了样本的对比度。因此选择以管理防御 1/3 分位点及 2/3 分位点为分组依据，低于 9.985 为管理防御低组，高于 11.090 为管理防御高组。管理防御程度划分标准见表 3-5。

表 3-5   管理防御程度划分标准

管理防御程度	分值
管理防御程度高	11.090~22.896
管理防御程度低	7.082~9.985

根据上述划分标准，将样本划分为研究组（管理防御程度高）与对照组（管理防御程度低），得到研究组及对照组样本各 324 个。

4. 控制变量

企业规模大则信息披露多，信息披露多可减少信息不对称导致的经理层道德风险和外部投资者判断不准确，扩大企业融资渠道及规模。国有企业相对于民营企业更容易获得银行贷款，因此企业性质影响融资结构。成长性好的企业对资金的需求量大，如果企业经营风险小，对外部资金的吸引力更大，较容易获得银行贷款。综上，本章选择公司规模、企业性质、企业成长性、企业风险作为控制变量（见表3-6）。

表3-6 融资结构、股权激励、控制变量衡量指标

	变量名称	符号	变量定义
外源融资结构	股权融资率	SF	股权融资额 / 总资产
	债权融资率	DF	负债总额 / 总资产
	债务期限结构	DM	长期负债 / 总债务
股权激励	股权激励	SIC	实施股权激励赋值1，未实施赋值0
控制变量	公司规模	CS	总资产的自然对数
	企业性质	EP	国有股比例
	企业成长性	GROW	净资产增长率
	企业风险	ER	销售波动率：销售额的标准差

（三）模型构建

本书建立模型（3-1）、模型（3-2）、模型（3-3），分析股权激励对融资结构的调节作用：

$$FS(SF/DF/DM)=\alpha+b_1 MTEI+b_i Control\ Variable+\varepsilon \qquad （3-1）$$

$$FS(SF/DF/DM)=\alpha+b_1 MTEI+b_2 SIC+b_i Control\ Variable+\varepsilon \qquad （3-2）$$

$$FS(SF/DF/DM)=\alpha+b_1 MTEI+b_2 SIC+b_3 MITE\cdot SIC+b_i Control\ Variable+\varepsilon \qquad （3-3）$$

三、实证结果分析

（一）描述性统计

通过对比研究组和对照组股权融资率、债权融资率、债务期限结构（见表3-7），分析管理防御程度对企业外源融资结构的影响。

表 3-7　管理防御程度对融资结构影响均值比较

融资结构	研究组 （管理防御程度高）	对照组 （管理防御程度低）
股权融资率	3.740	2.101
债权融资率	59.355	69.215
债务期限结构	0.314	0.209

研究组债权融资率低于对照组，说明管理防御程度高，企业债权融资在融资结构中所占比例低。研究组股权融资比例、债务期限结构皆高于对照组，说明管理防御程度高，股权融资在企业融资占比大，同时长期负债占总债务的比例大。

以是否实施股权激励作为分组条件，对实施股权激励与未实施股权激励的两组进行融资结构对比，结果如表 3-8 所示。对比两组融资结构均值，可见实施股权激励的企业股权融资低于未实施股权激励的企业，长期债务占总债务的比例略低于未实施股权激励的企业，说明实施股权激励后，企业债权融资在融资中所占比例高，同时长期负债占总负债的比例也偏低。

表 3-8　股权激励的实施对融资结构影响的均值比较

融资结构	实施股权激励	未实施股权激励
股权融资率	2.642	2.836
债权融资率	63.623	52.618
债务期限结构	0.154	0.216

（二）回归分析

以管理防御程度高的企业为研究对象，结合模型（3-1）、模型（3-2）、模型（3-3）进一步深入分析股权激励对融资结构的调节机理。运用 SPSS 进行回归分析，结果见表 3-9。

表 3-9　回归分析结果

股权融资	模型（1）	模型（2）	模型（3）	债权融资	模型（1）	模型（2）	模型（3）
Constant	4.614*** （3.360）	4.729*** （3.443）	5.471*** （3.628）	Constant	8.940*** （2.370）	7.438*** （2.307）	8.328*** （2.112）
管理防御	0.437*** （0.347）	0.271*** （0.279）	−0.154*** （−0.133）	管理防御	−0.755*** （−0.368）	−0.519** （−0.254）	0.322*** （0.141）
股权激励		−0.321*** （−1.189）	−3.010*** （−0.927）	股权激励		1.486*** （0.499）	5.610** （3.604）
交互项			−0.321*** （−1.189）	交互项			2.113*** （0.432）
公司规模	−2.580E−14 （−0.146）	−9.693E−15 （−0.055）	1.673E−14 （0.094）	公司规模	2.560E−12 （0.800）	2.350E−12 （0.716）	2.524E−12 （0.781）
企业性质	0.026 （2.630）	0.028 （2.786）	0.028 （2.772）	企业性质	0.014*** （0.077）	0.036*** （0.198）	0.037*** （0.203）
企业成长性	0.041*** （8.935）	0.041*** （8.766）	0.041*** （8.816）	企业成长性	0.077** （0.917）	0.086** （1.106）	0.087** （1.035）
企业风险	−1.269*** （−1.891）	−1.117*** （−1.631）	−1.371*** （−2.006）	企业风险	−0.923*** （−1.127）	−1.107*** （−1.388）	−1.224*** （−1.579）
调整后的 R^2	0.297	0.302	0.307	调整后的 R^2	0.289	0.303	0.306

债务期限结构	模型 1	模型 2	模型 3
Constant	0.180*** （2.768）	0.171*** （2.642）	0.207*** （2.903）
管理防御程度	0.526*** （1.483）	0.003*** （0.470）	0.001*** （0.195）
股权激励		0.061*** （2.465）	0.243*** （0.114）
交互项			0.015*** （1.201）
公司规模	−1.676E−14 （−2.003）	−1.799E−14 （−2.157）	−1.673E−14 （−1.991）

续表

股权融资	模型（1）	模型（2）	模型（3）	债权融资	模型（1）	模型（2）	模型（3）
企业性质		0.120** （0.227）			0.241** （0.574）		0.314*** （0.746）
企业成长性		1.004*** （1.324）			1.158*** （1.447）		1.078*** （1.322）
企业风险		−0.983*** （−1.107）			−1.147** （−1.987）		−1.188*** （−2.047）
调整后的 R^2		0.300			0.304		0.305

注：*、**、*** 分别表示在 0.1、0.05、0.01 水平下显著，括号内为 T 值（下同）。

1. 股权融资

模型（3-1）回归结果表明管理防御程度与股权融资率在 0.01 的水平上显著正相关，说明在管理防御动机的驱使下企业股权融资占总融资的比例大增。企业成长性与企业风险分别在 0.01 的水平下与股权融资率显著相关，好的企业成长性有利于企业进行股权融资，而企业风险大则不利于企业进行股权融资。

考察股权激励对管理防御程度与股权融资关系的调节作用。模型（3-3）回归结果表明股权激励与管理防御的交互项在 0.01 的水平下与股权融资显著相关，模型（3-2）结果显示，股权激励与股权融资在 0.01 的水平下显著相关，说明股权激励是半调节变量。上述调节作用体现在关系强度及方向上：加入股权激励前，管理防御程度与股权融资的影响系数为 0.437，加入股权激励后影响系数为 0.271，加入股权激励与管理防御的交互项后影响系数为 −0.154，股权激励变量的加入不仅减小了关系强度，而且改变了关系方向，说明股权激励及交互项对管理防御与股权融资的关系有负向调节作用，即向下的调节作用。可见，股权激励能够很好地缓解经理层对股权融资的偏好，降低融资中股权融资比例。

2. 债权融资

模型（3-1）回归结果表明管理防御程度在 0.01 的水平上与债权融资显著负相关，说明管理防御程度越高，企业债权融资率越低。企业性质在 0.1 的水平上与债权融资正相关，这是由我国特殊经济环境决定的，国有控股企业相对国有企业在政府干预下，更容易获得银行贷款。企业成长性在 0.05 的水平上与债权融资显著正相关，企业成长性好，对融资需求加大，债权人愿意投资企业成长性好的公司。企业风险在 0.01 的水平下与债权融资显著负相关，因为债权人不愿意将资金投入经营不稳定的企业中。

考察股权激励对管理防御程度与债权融资关系的调节作用。模型（3-3）回归结果表明股权激励与管理防御的交互项在 0.01 的水平下与债权融资显著相关，模型（3-2）结果显示，股权激励与债权融资在 0.01 的水平下显著相关，说明股权激励是半调节变量。上述调节作用体现在关系强度及方向上：加入股权激励前，管理防御程度与债权融资的影响系数为 -0.755，加入股权激励后影响系数为 -0.519，加入股权激励与管理防御的交互项后影响系数为 0.322，股权激励变量的加入不仅减小了关系系数，同时改变了关系方向，说明股权激励及交互项对管理防御与债权融资的关系有正向调节作用，即向上的调节作用。可见，股权激励能够提高企业债权融资率，缓解经理层为规避还本付息压力而选择股权融资的防御行为。

3. 债务期限结构

模型（3-1）回归结果表明管理防御与债务期限结构在 0.01 的水平上显著正相关，说明管理防御越高，企业长期债务越多。企业性质在 0.05 的水平上与债务期限结构显著正相关，企业第一大股东为国有时，政府政策干预使其相比民营企业更容易获得银行长期贷款，因此企业债务期限结构长。企业成长性在 0.01 的水平上与债务期限结构显著正相关，说明企业成长性较好，债权人对企业长期稳定发展有较好的评估，愿意给予其长期债务投资，同时企业处于稳定发展阶段也需要长期的资金补充。若企业风险较大，任何投资人都不愿意投资这类企业，回归结果显示企业风险与债务期限结构在 0.01 的水平下显著负相关，说明如果企业风险大，企业长期债务少。

考察股权激励对管理防御程度与债务期限结构关系的调节作用。模型（3-3）回归结果表明股权激励与管理防御的交互项在 0.01 的水平下与债务期限结构显著相关，模型（3-2）结果显示，股权激励与债务期限结构在 0.01 的水平下显著相关，说明股权激励是半调节变量。上述调节作用体现在关系强度上：加入股权激励前，管理防御程度与债务期限结构的影响系数为 0.526，加入股权激励后影响系数为 0.003，加入股权激励与管理防御的交互项后影响系数为 0.001，股权激励变量的加入减小了关系系数，说明股权激励及交互项对管理防御与债务期限结构的关系有负向调节作用，即向下的调节作用。可见，股权激励能够缓解经理层因短期还本付息压力而选择长期负债的防御行为。

四、实证研究结论

本章选择我国上市公司经理层为研究对象，分析了股权激励对融资结构的调节作用。研究发现，企业外源融资结构形成路径是一个经理层管理防御动机影响融资决策并积累产生相应融资结构的过程，因此，要积累形成合理的融资结构必须从源头降低经理层管理防御，即给予经理层合适的激励方式，使经理层与股权的利益一致。经理层并非是被动治理对象，在需求和贪婪的引导下，会在权力范围内主动维护自身利益。若一味地约束经理层以减少其防御行为带来的不利影响，反而会压制经理层专业能力的发挥。相较于约束，有行为引导性的激励措施将更为有效。股权激励一方面以剩余利润索取权激励经理层能力能动性的发挥，促进经理层在融资决策时利用其专业知识判断，能动地选择低成本融资战略；另一方面以激励效用的长期性引导经理层避免短视行为，有效缓解经理层构建自利性融资结构的防御动机。实证检验结果表明，股权激励对经理层管理防御与债权融资关系显示正向调节作用（向上调节）；对经理层管理防御与股权融资、债务期限结构关系显示负向调节作用（向下调节）。在股权激励作用下管理防御与股权融资、债权融资关系方向发生了变化，说明股权激励对股权融资比与债权融资比具有较强的调节作用。同时，研究结论显示，经理层并非是被动治理对象，在需求和贪婪的引导下，经理层会在权力范围内主动维护自身利益。若一味地约束经理层以减少其防御行为带来的不利影响，反而会压制经理层专业能力的发挥。相较于约束，有行为引导性的激励措施将更为有效。股权激励一方面以剩余利润索取权激励经理层能力能动性的发挥，另一方面以激励效用的长期性引导经理层避免短视行为。

第二节　高新技术企业股权激励优化融资结构的实证研究

技术创业型企业尚属于创新创业政策引导下发展的新生事物，缺少技术创业团队动态持股模式对融资结构影响的规律参考。虽然技术创业团队与高新技术企业经理层存在以下本质差异：技术创业团队持有的股份为企业创立时的技术股份，高新技术企业经理层是通过股权激励获取企业股权收益的，但两类经理层在企业融资决策中具有的影响力，尤其是避免股权比例被外来资金过度稀释的心理方面具有同一性。因此，选择高新技术企业经理层股权激励样本作为实证，以此类比技术创业型企业，探讨经理层股权激励对企业融资结构的影响作用，具有一定的参考价值，对技术创业型企业设计合理的融资契约具有理论上的相通性。

一、股权激励优化融资结构的机理分析

外源融资包括股权融资和债权融资，两者以不同比例组合构成融资结构。经理层是融资结构设计和资金运营的主体，在融资结构设计时往往会被事前协议约定的奖励方式所支配。如果所有者与经理层协议约定的奖励方式为以经营利润的百分比作为奖金奖励，则经理层将倾向于选择经营利润最大化融资模式。按照会计核算准则，用于股权分红的"利益"为息税后利润加上年初未分配利润减去协议约定的职工奖金、福利及公积金后的利润，即股权红利分配不影响经理层奖金总额，而融资利息多少成为直接缩减经理层奖金绝对值的唯一可调控变量。考虑到"由小到大"的发展型公司多数情况下都不能提供银行贷款所需要的担保抵押手续，难以及时足额融得所需资金。因此，以高于银行利息合适比例向投资公司等金融机构举债融资往往会成为债权融资的主要途径。如此融资所带来的资金利息会挤占很大比例的息税前利润。相比之下，经理层必然会选择无息融资的股权融资结构。如果所有者与经理层协议约定以一定股权比例作为奖励方式，此时经理层收益来源于股权分红，因此偏好选择特定股权比例下分红收益最大化的融资模式。因为股权融资必然伴随着总股本增加，一方面相同股利总额下每股股利分配减少，另一方面直接稀释了经理层与所有者事前协议约定好的持股比例，由此很大程度上降低了经理层股权收益。虽然债权融资过程中产生的利息成本会削减用于股利分配的净利润，但实际上该利息成本是被分摊到单位股权中，加上经理层持股比例与所有者相比数量很少，需要经理层承担的利息成本微乎其微，相对于股权融资对经理层持股比例的稀释，债权融资利息对经理层股权收益的影响是极小的，因此，经理层为避免股权收益被稀释必然选择债权融资。

综合上述分析，经理层融资结构设计偏好受其与所有者约定的奖励方式影响，股权激励能够使经理层愿意放弃部分"无息"的股权融资而进行债权融资，并有意识地选择利息成本最低的债权融资渠道。因此，股权激励能够提高融资结构中债权融资比例，发挥对融资结构的优化作用。

二、实证研究设计

（一）样本选取及变量设计

为证实股权激励优化融资结构的作用，选择实施股权激励的高技术产业上市公司为研究对象进行实证分析，收集我国主板市场2006~2014年实施股权激励的高技术产业上市公司作为样本公司。样本公司的出选原则如下：剔除ST、PT及数据不全的公司；剔除股权激励对象不包括经理层的上市公司；为保证经理层对企业融资结构影响在时间上具有匹配性，剔除总经理被迫离职的公司。最终得到样本公司102家。

本章因变量包括外源融资结构及资本运营结果。选择股权融资比和债权融资比衡量融资结构。为准确获得企业股权融资数据，收集样本企业2006~2014年的融资公告，以得到的股权融资净额作为计算股权融资比的基础数据。用短期借款、交易性金融负债、长期借款、应付债券、长期应付款之和作为企业债权融资额。选择资本收益率表示经理层运营资本获得收益的状况，以考察经理层在资本运营中能动性的发挥。自变量股权激励为虚拟变量，区分是否实施股权激励及股权激励有效期是否结束，考察其对融资结构及资本运营状况的影响。选择公司规模、非债务税盾、资产构成、盈利能力、企业成长机会为控制变量。引入年度、行业的虚拟变量以控制宏观因素。具体变量选择与定义见表3-10。

表 3–10　变量选择与定义

	指标名称	替代变量	定义
因变量	外源融资结构	股权融资比（EF）	股权融资净额 / 总资产
		债权融资比（DF）	（短期借款 + 交易性金融负债 + 长期借款 + 应付债券 + 长期应付款）/ 总资产
	资本运营结果	资本收益率（ROC）	净利润 / 平均资本
自变量	股权激励（SI）		虚拟变量，股权激励实施前 3 年赋值 0；股权激励有效期赋值 1，股权激励有效期结束后 3 年赋值 2
控制变量	公司规模（SIZE）		总资产的自然对数
	非债务税盾（NDTS）		年度折旧额 / 总资产
	资产构成（TANG）		固定资产净额 / 总资产
	盈利能力（PRO）		净资产收益率
	企业成长机会（GROW）		资产的市场价值 / 账面价值
	年度（YEAR）		虚拟变量，控制不同年份经济环境的影响
	行业（IND）		虚拟变量，按 2012 证监会分类标准，控制行业的影响

（二）模型构建

对样本公司进行股权激励实施前后的配对比较，设计三个考察期：t 期为股权激励实施前三年，将其作为基期表示经理层未持有股权时融资结构及资本运营结果；$t+1$ 期为股权激励有效期，与 t 期比较考察经理层持有股权后融资结构与资本运营结果的变化，对应了创业经理层持有股权状态下企业融资结构状况；$t+2$ 期为股权激励有效期结束后三年，与 $t+1$ 期比较分析经理层持股对融资结构及资本运营结果的长期影响，对应了创业经理层持股比例随企业的发展保持不变时融资结构的状况。具体的研究设计如图 3–1 所示：

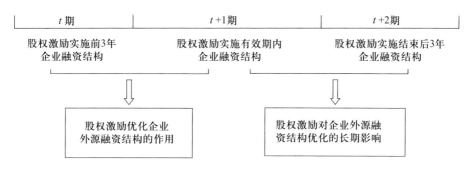

图 3-1　研究设计

对 t 期与 $t+1$ 期、$t+1$ 期与 $t+2$ 期进行配对样本 T 检验，以初步判断经理层股权激励对企业融资结构及资本运营状况的影响。为更准确地分析股权激励的影响作用，加入公司规模、企业成长机会、盈利能力、年度、行业等控制变量，构建回归模型（3-4）、模型（3-5）、模型（3-6），分别考察实施股权激励对企业股权融资比、债权融资比、资本收益率的影响：

$$EF=\alpha_0+\sum\alpha_jSI_{j,\ t}+\beta_1SIZE_{i,\ t}+\beta_2NDTS_{i,\ t}+\beta_3TANG_{i,\ t}+\beta_4PRO_{i,\ t}+$$

$$\beta_5GROW_{i,\ t}+\beta_6\sum YEAR_{i,\ t}+\beta_7\sum IND_{i,\ t}+\varepsilon_{i,\ t} \qquad （3-4）$$

$$DF=\alpha_0+\sum\alpha_jSI_{j,\ t}+\beta_1SIZE_{i,\ t}+\beta_2NDTS_{i,\ t}+\beta_3TANG_{i,\ t}+\beta_4PRO_{i,\ t}+$$

$$\beta_5GROW_{i,\ t}+\beta_6\sum YEAR_{i,\ t}+\beta_7\sum IND_{i,\ t}+\varepsilon_{i,\ t} \qquad （3-5）$$

$$ROC=\alpha_0+\sum\alpha_jSI_{j,\ t}+\beta_1SIZE_{i,\ t}+\beta_2NDTS_{i,\ t}+\beta_3TANG_{i,\ t}+\beta_4PRO_{i,\ t}+$$

$$\beta_5GROW_{i,\ t}+\beta_6\sum YEAR_{i,\ t}+\beta_7\sum IND_{i,\ t}+\varepsilon_{i,\ t} \qquad （3-6）$$

三个因变量为：EF 表示股权融资比，DF 表示债权融资比，ROC 表示资本运营状况即资本收益率。自变量 $SI_{j,\ t}$ 表示股权激励的虚拟变量，j 取值为 1、2，分别表示 $t+1$ 期即股权激励有效期、$t+2$ 期即股权激励实施有效期结束后三年，其参照组为 t 期。

三、实证结果分析

（一）配对样本 T 检验

由于变量涉及企业财务数据，存在较少的异常值，所以对连续型变量的样本值做了双向 1% 缩尾处理。本章首先运用配对样本 T 检验比较 *t* 期与 *t*+1期、*t*+1 期与 *t*+2 期的样本均值是否具有显著差异。在 T 检验前对样本进行正态分布及方差齐次性检验，以考察样本数据是否满足 T 检验要求，运用 SPSS进行样本数据处理。结果如表 3–11 所示。

表 3–11　样本正态分布及方差齐次性检验结果

		正态性检验					
	考察期	Kolmogorov–Smirnov[a]			Shapiro–Wilk		
		统计量	df	Sig.	统计量	df	Sig.
股权融资比	t	0.091	102	0.200*	0.963	102	0.389
	t+1	0.087	102	0.200*	0.967	102	0.488
	t+2	0.080	102	0.200*	0.987	102	0.989
债权融资比	t	0.035	102	0.200*	0.995	102	0.507
	t+1	0.033	102	0.200*	0.996	102	0.602
	t+2	0.032	102	0.200*	0.996	102	0.688
资本收益率	t	0.023	102	0.200*	0.995	102	0.443
	t+1	0.022	102	0.200*	0.995	102	0.476
	t+2	0.024	102	0.200*	0.995	102	0.534
a. Lilliefors 显著水平修正　　*. 这是真实显著水平的下限							
方差齐次性检验							
	Levene 统计量		df1		df2		Sig.
股权融资比	0.452		2		306		0.637

方差齐次性检验			
	Levene 统计量	df1	df2	Sig.
债权融资比	0.285	2	306	0.752
资本收益率	0.350	2	306	0.705

由检验结果可知，样本正态分布及方差齐次性检验结果中显著水平 Sig. 都大于 5%，表明样本数据服从正态分布且符合方差齐次性假设，因而可以做 T 检验。配对样本 T 检验结果如表 3-12 所示。

表 3-12　配对样本 T 检验结果

	成对差分					t	Sig.（双侧）
				差分的 95%置信区间			
	均值	标准差	均值的标准误	下限	上限		
债权融资 t– 债权融资 t+1	0.04065	0.10515	0.01431	0.01195	0.06935	2.841	0.006
股权融资 t– 股权融资 t+1	−0.05050	0.06245	0.01472	−0.08155	−0.01945	−3.431	0.003
资本收益率 t– 资本收益率 t+1	0.02490	0.12599	0.01293	0.00077	0.05057	1.926	0.047
债权融资 t+1– 债权融资 t+2	−0.06182	0.06809	0.01605	−0.09568	−0.02796	−3.852	0.001
股权融资 t+1– 股权融资 t+2	0.03097	0.05225	0.01232	0.00499	0.05695	2.515	0.022
资本收益率 t+1– 资本收益率 t+2	−0.03263	0.08816	0.01610	−0.06555	−0.00029	−2.027	0.042

T 检验结果表明 t+1 期与 t 期、t+1 期与 t+2 期企业债权融资比例、股权融资比例与资本收益率均有显著差异。其中 t+1 期债权融资、资本收益率与 t 期相比分别在 0.01、0.1 的水平上显著正向差异，而股权融资率在 0.01 的水平上显著负向差异，即与未实施股权激励时相比，实施股权激励后企业债权融资率显著提高，股权融资率显著降低，说明股权激励能够使经理层积极提高债权融资比例、降低股权融资比例，优化企业融资结构。资本收益率的显著提高说明股权激励具有调动经理层发挥资本运营能力的作用。t+2 期股权融资与 t+1 期相比在 0.05 的水平上显著正向差异，债权融资、资本收益率分别在 0.01、0.1 的水平上显著负向影响，即与股权激励有效期内相比，股权激励有效期结束后企业股权融资率有提高现象，债权融资率与资本收益率有降低趋势，说明现行股权激励机制对融资结构优化作用突出体现在激励有效期内，随着有效期结束激励作用不断减弱，暴露出目前股权激励设计不能保证有效期结束后依然具有对经理层融资结构设计的引导作用，同时对经理层资本运营能动性的调动作用也有所减弱。

（二）回归分析及结论

为更准确地分析股权激励对融资结构及资本运营结构的影响作用，运用模型（3-4）、模型（3-5）、模型（3-6）进行回归分析。对主要变量进行相关性检验，由于因变量 SI 不属于连续变量，因此选择 Spearman 相关性检验，考察变量之间的相关性，结果如表 3-13 所示。

表 3-13　主要变量的 Spearman 相关性检验

	EF	DF	ROC	SI	SIZE	NDTS	TANG	PRO	GROW
EF	1.000								
DF	0.136	1.000							
ROC	0.174	−0.033	1.000						

续表

	EF	DF	ROC	SI	SIZE	NDTS	TANG	PRO	GROW
SI	−0.721**	0.629**	0.635**	1.000					
SIZE	−0.038	0.127	0.058	0.113	1.000				
NDTS	0.307	−0.262	0.014	0.084	0.245	1.000			
TANG	0.033	−0.202	−0.242	0.071	0.537**	0.019	1.000		
PRO	0.417	0.071	0.311**	0.000	0.057	−0.303	0.321	1.000	
GROW	−0.059	−0.077	0.108*	−0.047	−0.061	−0.009	0.113	0.231**	1.000

注：*、**、***分别表示在0.1、0.05、0.01的水平下显著。

表3-13为主要变量的Spearman相关性检验结果，股权激励（SI）与股权融资比（EF）显著负相关、与债券融资比（DF）和资本收益率（ROC）显著正相关，在一定程度上说明本书的实证可行。自变量、控制变量有少数变量间存在显著相关性，但在回归分析中进一步考察了方差膨胀因子（VIF）均小于2，因此判断不存在显著的多重共线性。

通过模型（3-4）、模型（3-5）、模型（3-6）分别考察股权激励实施情况对企业融资结构及资本运营情况的影响，回归结果如表3-14所示。

表3-14　回归结果

	EF	DF	ROC	VIF
Constant	4.581***	3.729***	4.332***	—
	（3.121）	（2.980）	（3.004）	
SI$_1$	−1.283***	1.369*	1.775**	1.021
	（−1.221）	（1.336）	（1.913）	
SI$_2$	−1.002**	0.921**	1.357***	1.130
	（−0.966）	（0.915）	（1.237）	
SIZE	0.032	0.224	0.128	1.068
	（0.315）	（0.422）	（0.379）	

续表

	EF	DF	ROC	VIF
NDTS	0.317	−0.296	0.185	1.091
	（0.219）	（−0.233）	（0.112）	
TANG	0.475	−0.427	−0.216	1.084
	（0.421）	（−0.447）	（−0.542）	
PRO	0.872*	1.212*	1.114*	1.029
	（0.997）	（1.311）	（1.275）	
GROW	0.971*	0.998*	1.272*	1.029
	（0.774）	（0.822）	（0.917）	
YEAR	控制	控制	控制	—
IND	控制	控制	控制	—
F	21.703***	13.532**	22.251***	—
R-Squared	0.439	0.329	0.433	—
Adj.R^2	0.427	0.208	0.413	—

注：*、**、*** 分别表示在 0.1、0.05、0.01 的水平下显著；括号中为 T 值。

在对股权激励的虚拟变量进行回归后发现：SI_1 与 SI_2 在 0.01 和 0.05 的水平下与股权融资比显著负相关，说明相对于参照组 t 期，股权激励 $t+1$ 期与 $t+2$ 期对股权融资有更为强烈的负向影响，即与未实施股权激励相比，实施股权激励后股权融资比显著降低。且 SI_1 前系数绝对值大于 SI_2，可见股权激励 $t+1$ 期即股权实施有效期内股权融资比下降幅度最大。同理，在股权激励对债权融资比和资本收益率的影响中，SI_1 与 SI_2 在 0.01、0.05、0.1 的水平下与债权融资比、资本收益率显著正相关，说明股权激励 $t+1$ 期与 $t+2$ 期较参照组 t 期对债权融资及资本运营结果有更为强烈的正向影响，即与未实施股权激励相比，实施股权激励后债权融资比、资本收益率显著提高。且 SI_1 前系数绝对值大于 SI_2，可见股权激励 $t+1$ 期即股权实施有效期内债权融资比提高度最大、资本运营效果最好。在控制其他影响因素后，回归分析结果与 T 检验结果一致，表明实施股权激励能够提高债权融资比及资本收益率，降低股权融资比。然而，股权激励有效期结束后，股权激励对企业融资结构、资本运营结果的影响有所降低。

综合上述分析，股权激励能够调动经理层积极性优化企业融资结构、获得更好的资本运营结果，可见股权激励具有被应用于促进经理层发挥智慧及能力以优化融资结构的价值。然而，高新技术产业上市公司现行的股权激励机制设计存在有效期结束后激励效用降低即有效激励的持续性不足的问题。究其原因在于小比例且固定的股权激励不足以发挥"金手铐"的作用。经理层持股发挥对"债权融资向上、股权融资向下"的调节作用，与技术创业型企业"最小化股权稀释、最大化融资额度"的融资需求一致，为技术创业型企业基于"即时剩余资本增量"的股权分配模式以优化融资结构奠定了理论基础；资本运营效果的提高，为技术创业型企业通过股权分享以调动创业经理层资本运营能动性提供了证据。可见，合理的股权分配模式不仅能够提高创业经理层经营管理的能动性，而且是技术创业型企业建立良好融资结构的必要前提。

第三节　非上市公司股权激励优化融资结构的案例分析

非上市公司中不乏通过股权激励优化融资结构的案例，其中华为的虚拟受限股制度取得了很好的效果。员工的薪酬由"工资 + 奖金 + 股票分红"构成，股票需员工出资购买即有偿获得，虚拟受限股没有给予投票权，只享受股票分红，不能转让不能在二级市场交易。华为陆续推出虚拟受限股，员工自由选择是否购买。良好的发展前景能够保证虚拟受限股的股权收益大于员工将现金进行再投资的时间价值增值，又免去了现金再投资给员工带来的资金风险压力，因此，员工会积极参与虚拟受限股计划。

华为根据企业经营状况不断推出虚拟受限股，员工股权持有可累计增加。一方面，随着持股比例的提高，股票分红对薪酬总额的影响越来越大，增加单位股权价值成为了员工获得高薪酬的主要渠道，这和所有者利益是一致的。另一方面，股权的累计增加保证了激励的长期性，并且随着持股比例的增长，虚拟受限股对员工的激励效用不断增强。员工离职由华为回购股权，并不再享有股票分红，增加了离职的沉没成本，避免了员工为抛售股票获取收益而选择离职的行为。对于华为来说，将受限股有偿给予员工，员工购买股权的资金即华为融得的资金，无须支付利息，没有债权关系，因此属于股权融资。从银行角度来看，由华为作为担保将资金借予员工，银行资金收益来源于员工支付的利息总额，并且银行未持有华为股权，华为仅作为担保角色，所以属于债权融资。银行借款利息从员工股票分红中扣除，股票分红与利息之差为员工虚拟受限股收益。可见，华为将虚拟受限股制度与融资结构设计相结合，解决企业发展资金的同时，避免了上市融资对企业内部股权的稀释。

持续推出员工持股计划，弥补了上市公司股权激励效用长期性、持续性不足的缺点；担保员工银行贷款以购买股权的融资结构设计，形成了企业内部保留完整股权的融资结构。上述优点在技术创业型企业激励股权分配设计时应予以借鉴。然而，技术创业团队不同于一般员工，只享受股票分红、没有投票权、不能转让和交易的受限条款是典型的只给经济利益、没有决策权力的分配模式，与技术创业团队创自己事业的初衷相违背，技术创业型企业设计股权分配时应予以规避。

第四章　技术创业型企业股权动态配置的理论分析

第一节　技术创业型企业股权动态配置需求的形成路径

20 世纪 60 年代，美国经济学家舒尔茨和贝克尔创立了人力资本理论（Human Capital Management Theory），认为人力资本是相对于物质资本而独立存在的一种资本形态，表现为人类所拥有的知识、技能、经验等，强调具有异质性的人力资本是促进经济增长的稀缺资源，并运用人力资本解释了许多无法通过传统经济理论阐明的生产力提高和经济增长问题。由此，人力资本成为与物质资本并列的企业资本构成之一，关于人力资本运用和激励的讨论也相继展开。随着经济不断发展，专业化分工逐渐深入，如专业的管理经验和能力、异质性的核心技术知识等为代表的人力资本，在企业发展过程中开始扮演不可或缺的关键角色，已经成为企业治理结构多元化的主体之一，进而引发了人力资本持有者产生人力资本产权化、参与企业股权配置等要求。那么对于技术创业型企业来说，原创技术作为企业核心资本之一，其对股权配置的基本要求是什么？技术创业团队对股权动态配置需求的路径是如何形成的？对于这些问题的深入分析是明确技术创业型企业股权动态配置的前提。因此，以知识心理所有权为切入点，结合公平理论、需要层析理论以及技术创业团队创自己事业的心理初衷，分析技术创业型企业股权动态配置需求的形成路径。

心理所有权（Psychological Ownership）是 Pierce（1991）在分析员工持股计划和其工作态度行为之间的关系时根据法学领域的所有权概念引出的一个构念。诸多学者从不同角度给出了心理所有权的概念，综合学者观点，本书将心理所有权定义为个体感觉所有权的目标或其中一部分是"我们的"状态，对目标物的占有感是心理所有权的核心表现形式。那么，知识心理所有权即为个体基于产权意识的知识占有感，即"知识属于我"的心理状态。对所占有的目标物进行控制、亲密接触和个体投入促进了个体心理所有权的产生。对于技术创业型企业，技术创业团队对自有原创技术孵化转化，存在先天掌握原创技术不使任意活动超出范围并能够使其按照自己意愿活动的控制能力，即技术创业团队对原创技术及其孵化出的差异性产品具有控制力。而且在原创技术向实体产品或可用技术转化的过程中，技术创业团队已经将自身与原创技术融为一体，极易形成对原创技术的所有情感。在孵化过程中投入的知识、时间、精力，无疑提高了技术创业团队对原创技术所有心理产生的合理性。那么，在原创技术孵化过程中，技术创业团队因对其具有控制能力，且存在高度的亲密接触和大量的个体投入，导致技术创业团队对原创技术及其孵化成果产生心理所有权。随着个体的心理所有权形成，是否存在与之相匹配的正式所有权，成为个体心理所有权发展为积极的促进性心理所有权或消极的防御性心理所有权的关键。心理所有权形成要素中，对目标物的控制对应正式所有权的控制权，亲密了解则与正式所有权中的知情权相关。而所有股权是技术创业团队获得控制权、话语权、知情权、处置权等各类权力的唯一表征指标。那么，给予技术创业团队合理的企业股权配置，使其与形成的心理所有权相匹配，成为技术创业团队促进性心理所有权形成的关键。

心理所有权的满足主要表现在个体能够对目标进行控制以体现自我效能和自我身份，而且个体自我的表现需要得到公平的对待。那么，企业股权配置与技术创业团队心理所有权匹配主要表现在以下两方面：企业股权配置需满足技术创业团队控制原创技术对自我效能的追求；企业股权配置应公平体现技术创业团队的能力能动发挥。

技术创业团队持有企业未来核心竞争力的原创技术，是具有自主研发和技术孵化能力的技术研发人员，其融得原始出资人提供的小额创始资金，目的在于通过对尚处于概念阶段的原创性技术成功进行孵化转化，以形成能够被市场认同的差异性产品或成熟技术，最终实现以自有原创性技术创自己事业的心理愿景。可见，技术创业团队最终，也是最迫切的需求在于创自己事业的自我实现，这一需求的直接状态表征即为持股比例是否达到控制股权。尽管因技术创业型企业创立初期的孵化阶段，原创性技术承载的产品差异性未显现导致技术资本占有小比例股权。然而，随着原创技术承载的差异性产品被市场接受，原创技术成为企业的核心竞争力，此时因技术创业团队核心技术掌控和技术研发改进能力已经成为技术创业型企业顺利发展的重要保障，技术创业团队展现出更为强烈的自我实现需求，即产生对股权进行重新配置以求掌握绝对控股权，实现创自己事业的要求。

John Stacey Adams 于 1965 年提出的公平理论认为，人们除了关注自身的自利偏好，仍然存在利益分配的公平偏好，而且工作积极性很大程度受到收益公平感的影响。人们不仅重视分配结果的公平性，对分配过程的公平性更加敏感，要求分配过程能够公平地体现其工作投入的努力程度。由公平理论可知，专业能动的付出和技术能力的贡献能否得到公平的对待和肯定，是技术创业可否保证团队稳定性和专业技术水平能动发挥的关键。当原创性技术成功孵化，并通过市场检验成为可供销售的产品，此时技术创业团队成为公司核心竞争力的掌控者，决定了技术创业型企业在行业中的地位及未来的发展前景，且因产品差异性能够引领出稳定的市场需求，使创始资金所承担的或然性风险大幅降低，保证了创始资金的高额资本收益。若此时依然坚持技术创业团队原有持股比例不变，无法体现其技术研发水平的贡献度，容易引发技术创业团队分配不公的心理。而技术的改进和革新能力是典型的隐性知识，依赖于技术创业团队能动性发挥，不公平的心理抑制了技术创业团队能力发挥的能动性，直接影响到技术创业型企业的领先性和未来资金的增值收益。严重者甚至导致核心技术人员离职，不仅难以顺利开展原创技术的改进，而且可能产生技术人员另寻投资人的严重后果，使出资人蒙受重大损失。可见，给予与技术创业团队贡献相匹配的收益和权力分配，是避免技术创业团队因追求公平感的心理驱使产生状态不稳定或情绪消极的关键。技术创业团队的核心地位毋庸置疑，且又对技术创业型企业领先性和资本快速增值的决定作用，加上技术创业团队创自己事业的心理需求，应逐步推动技术创业团队控制股权，以公平体现原创技术和专业能力对技术创业型企业的能动贡献。

综合上述分析，可得到技术创业型企业股权动态配置需求的形成路径：技术创业团队对原创技术的控制能力、自有知识与原创技术融为一体，结合原创技术孵化的精力时间投入，共同作用形成了技术创业团队对原创技术及其孵化成果的心理所有权；心理所有权向促进性心理所有权的转变需要达到企业股权配置与心理所有权的匹配，主要表现为对技术创业团队创自己事业自我效能的实现，以及对技术创业团队能力能动发挥的公平体现，两者共同实现则要求技术创业型企业股权配置随着原创技术及其差异性产品在企业竞争力中的核心作用的发挥而动态变化。

第二节　技术创业型企业股权动态配置
的分析框架及其理论含义

不完全契约理论将组成企业的诸多独立要素分为两大类：物质资本和人力资本（非物质资本），认为企业是物质资本和人力资本的结合物。其中，物质资本包括实物资产、货币资产、证券资产等；人力资本是指一种不具有实物形态，且能够长期在企业中使用的资产，主要的人力资本包括专业知识、技术技能、社会关系、创造能力等。本章所探讨的企业股权配置，即以企业持续稳定发展为目标，如何在物质资本和人力资本之间配置股权的问题。

一、资本参与企业股权配置的前提

分析企业股权如何在资本之间配置，首先需要明确参与股权配置的对象，即哪些资本有资格参与企业股权配置。不完全契约理论认为，人们的有限理性、信息的不完全性及交易事项的不确定性导致不完全契约是必然和经常存在的，契约无法完全明确不同资产的权利基础，使资本随时面临来自企业外部的不确定性风险以及企业内部的道德风险。同时，由于资本物化于企业后会成为支持某一特定生产而进行的持久性投资即专用性资本。其存在流动性差的特点，改作他用将价值大跌。且具有为企业担保的可抵押性，也使资本承担了企业发展过程中的诸多风险。因此，应给予存在风险承担能力、具有可抵押特点的资本企业股权，以匹配其在企业风险中所面临的诸多不确定性。那么，物质资本和人力资本作为组成企业的两大类要素，尤其是人力资本，其可抵押性表现在哪些方面，能否承担企业风险，成为物质资本和人力资本是否具有参与企业股权配置资格的关键。

（1）物质资本可抵押性导致的风险承担。物质资本客观存在与资本所有者可分离的特性，意味着当物质资本所有者不能兑现自己的承诺时，对方可以物质资本作为抵押换取与自身的损失相应的赔偿，或以物质资本相威胁，要求物质资本持有者兑现承诺。那么，物质资本的可分离特点使其具有可抵押特性，而可抵押性又使物质资本能够成为企业的担保要素之一，即物质资本持有者在一定程度上可为企业的其他成员提供担保，这也就决定了物质资本不需要转变存在形式和性质便可成为企业的风险承担者之一。可见，物质资本存在风险承担和可抵押的特性，具有参与企业股权配置的资格。

（2）产权的行使受到限制使人力资本具有可抵押性。诸多学者提出，人力资本与其所有者不可分离的特性决定了人力资本不具有可抵押性和风险承担的本质特征。这实际上是混淆了产权和物权的概念，并未深入本质分析人力资本与其所有者的关系，故而得到人力资本与其所有者不可分离的表面解释。

区分了产权和物权的不同含义是现代产权理论的重要贡献之一。科斯认为，产权是对存在的合法权利的界定，而非对所有者拥有的合法权利的界定。Harold Demsetz（1991）认为物权是法律给予某人纯粹拥有某物的排他性权力，而产权与其不同，是只有在不同所有者发生利益关系时才会存在的，能够使一个人或其他人受益或者受损的权利。物权是法律规定某物归属于某个体的标志，强调了资产所有者对该资产的拥有状态。产权则更专注于人们在经济活动中的行为，是对人与人之间相互利益关系的权利界定。托马斯·C.格雷（1994）提出，当所有者对其财产拥有自有转让权时，物权在财产中的角色会被产权所替代并趋于消失。万德威尔德（1980）强调了产权所有者对其有价值利益的支配权力，且财产的合法权利所保护的是价值而不是物质本身。可见，现代社会中，产权已经从物权所涵盖的归属权逐渐发展为保护人的利益和行为的权力。而正是产权和物权的差别导致产权的行使受到限制，这种限制一方面源于社会强制禁止使用自己的财产损害他人的权益，另一方面由于产权结构内多种权力并存，即产权可分解为不同的多个权力，而且每一种权力都存在一定的行使范围，如果一种权力的行使超出了自有范围，则会对其他权力产生直接或间接的伤害，导致其自然受到其他权力的约束。

由于信息不完全、未来不确定，以及外部性的客观存在，导致经济人的完全理性假设存在局限。完全理性的预期与实际行为结果存在完全不一致的可能性，即人的有限理性和机会主义倾向使经济人的完全理性选择受到限制。即使假定人力资本所有者存在天生的机会主义倾向，但由于产权的分解，其机会主义倾向转化为机会主义行为时，会受到多种并存权力的约束。这意味着人的社会本性决定了人力资本所有者在运用其人力资本追求自身效用最大化时会受到其他权力的约束。可见，产权的行使受到限制，使人力资本存在与其所有者可分离的特性，进而明确了在一定程度上人力资本同样具有可抵押性。

（3）物质资本与人力资本的专用性投资形成彼此的风险承担。Willamson认为，针对某一交易或者特定合约的执行而特别投资的资产，因其具有较强的针对性和较专业的使用领域，如果再转变投入其他方面会导致该资产产生很大的变化，也就是说资本具有专用属性。所谓资本的专用性是指某种资产被其他使用者用于其他可供选择的用途而不牺牲其生产性价值的程度。与专用性资本相对应的即为通用性资本，此类资本可以随意选择和变换用途，并不减少其自身的价值。专用性资本是专门为支持某一特定的团队生产而进行的持久性投资。专用性资本一旦投资，便严重依赖于其他团队的存在和团队成员的行为，如果将专用性资本改为他用，资本的价值将会大跌。

不论物质资本还是人力资本，投入企业都将经过由通用性资本向专用性资本的过渡。区别在于，物质资本不需要转变存在的形式和性质，即时可成为物化于企业中的专用性资本。由于物质资本专用性很快被企业锁定，在一定程度上存在资本被套牢和企业失败的风险，也面临工人潜在滥用资产的道德风险。那么，物质资本因其投入后迅速物化于企业成为专用性资产的特点而一定程度上存在着风险承担。不同于物质资本专用性的事后表现，人力资本专用性主要表现为事前对知识、技能等的专用性投资。人力资本专用性的产生需要投入后经过一段时间，以累计转变人力资本存在形式和性质后，人力资本才能够体现其专用性。人力资本的风险承担不仅包括自身可抵押性所必须承担的外部风险，而且包括由物质资本持有者，尤其是资金持有者道德风险引发的企业内部风险。当资本市场日趋发达，以资金投入为代表的物质资本能够运用资本退出来逃避自身本应承担的风险，反而更加容易对人力资本前期专用性投资形成来自企业内部投资人的道德风险。

二、企业股权在资本间配置的依据

企业股权在资本之间的配置依据，即依据什么指标确定不同资本持有的企业股权的多少。资源基础理论强调了企业资源对企业绩效影响的重要意义，认为形成企业之间绩效差异的重要因素就是企业的内部战略资源不同，企业股权如何分配取决于物质资本和人力资本的谈判力，而企业竞争优势的源头是异质性资源，且异质性资源的不可模仿性即专有性生产能力，决定了企业竞争优势的持续性，企业长远发展离不开异质性资源的不断获取及妥善管理。同时，企业能力理论提出，专有性资本一旦退出企业，必然引发企业生产力的大幅下降，严重者甚至导致组织解体，使专有性资本长期处于卖方垄断的市场。而且此类专有性资本是企业决策和创新的源泉，也是企业建立核心竞争力的关键。可见，资本的专有性，即资本所具有被企业生产严重依赖的、必需的、不可替代的属性，使资本客观存在企业团队生产中的不可或缺性，以及在资本市场上的稀缺性，决定了资本在企业股权配置时的谈判能力。

然而，资本的专有性不是一成不变的，会随着外部市场以及内部治理结构的变化而变化，即资本存在专有性强弱的变化。而资本专有性的强弱决定了资本在企业股权配置中的谈判能力。为更明确说明资本专有性的强弱，本书引入专有性呈现速度的概念。胡继立（2004）等将专有性呈现速度定义为一个时间概念，即某种资本投入到企业后，在体现专有性所需要时间上的快慢程度。此定义存在一定的局限性，仅能表现出资本专有性从无到有的过程，却无法表示资本专用性随环境的变化而产生专有性程度上的变化。因此，本书对专有性呈现速度重新定义为资本专有性的变化程度，当资本专有性较强即为专有性呈现速度快，当资本专有性较弱则为专有性呈现速度慢。那么，更为明确的是，资本在企业股权配置的谈判力大小取决于当下资本所具有的专有性呈现速度。物质资本和人力资本的专有性呈现速度在企业不同发展阶段产生变化，因此企业股权也会随之发生改变。具体的区分：物质资本主导企业，代表以改良式创新为主的企业；人力资本主导企业，代表以颠覆式创新为主的企业。分析物质资本和人力资本专有性呈现速度的变化，为后续分析技术创业型企业股权动态配置机理奠定了基础。

物质主导的企业中物质资产会持续成为企业的核心竞争力，即其专有性呈现速度持续位于人力资本之上，那么此类企业的控制股权不会发生转移。将企业发展分为三个阶段，如图4-1所示，初始阶段和第一阶段物质资本专有性呈现速度快于人力资本呈现速度，虽然第二阶段人力资本专有性呈现速度增加幅度较大，但依然在物质资本之下，直到第三阶段，物质资本和人力资本专有性呈现速度保持在相对稳定状态，此时两者相互平行，不存在交叉点，即物质资本主导企业中，物质资本专有性呈现速度持续快于人力资本呈现速度。由于人力资本，如原创技术、创意、思想等都需要经过产品转化和市场检验，因此人力资本主导企业中人力资本的专有性难以在初期显现，在企业的初始阶段物质资本的专有性呈现速度高于人力资本，并在第一阶段持续维持此状态。到第二阶段，人力资本受到市场的认可，其专有性呈现速度急剧上升，并超过物质资本，直到第三阶段，人力资本专有性呈现速度远在物质资本之上，并且两者之间的差距越来越大。

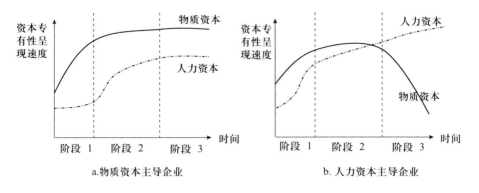

图 4-1　物质资本和人力资本专有性呈现速度变化

综合上述分析可知，资本的可抵押性和风险承担决定了其参与企业股权配置的资格，而资本的专用性投资一定程度上增加了资本的风险承担。物质资本与人力资本都存在可抵押性和风险承担，那么这两类资本都具有配置企业股权的资格；物质资本、人力资本的谈判能力决定了企业股权在两者之间的分配比例，而资本专有性呈现速度，即资本专有性的变化程度，成为物质资本和人力资本谈判能力的判断依据。

三、企业股权配置的分析框架

企业股权配置包括两方面问题：第一，股权配置的对象，即哪些资本有资格参与股权配置；第二，股权配置的依据，即什么决定不同资本的获得股权的数量。综合上述两小节的分析可知，第一个问题与资本的可抵押性和风险承担有关，第二个问题与资本谈判能力相关。依据物质资本和人力资本的属性特征得到企业股权配置的分析框架，如图 4-2 所示。

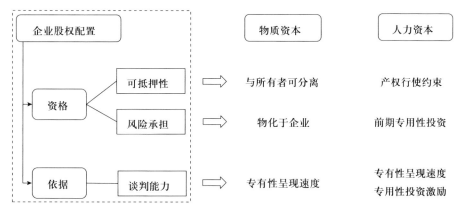

图 4-2　企业股权配置分析框架

　　物质资本因其与所有者可分离的特征具有可抵押性，投入后迅速物化于企业使其面临来自外部不确定性和企业内部的诸多风险承担。人力资本由于产权的行使受到其他利益相关群体权利的影响，因而存在权力行使的约束，导致人力资本部分权力在产权存在可抵押性。不同于物质资本迅速物化于企业，人力资本的风险承担源于其针对企业发展进行的前期专用性投资，使其面临外部市场不确定性风险以及资本撤资的道德风险。物质资本与人力资本的相同在于其在股权配置中的谈判能力来自资本专有性呈现速度。但因人力资本前期专用性投资需要资本所有者能力能动性发挥，导致人力资本专用性投资激励需求，增加了其在企业股权配置中的谈判能力。通过上述分析形成的企业股权配置分析框架，为技术创业型企业股权动态配置的机理提供了分析思路，同时对一般企业也具有普遍的适用性。

第三节　技术创业型企业股权
动态配置的机理分析

依据本章理论分析得到的企业股权配置分析框架，结合技术创业型企业股权动态配置需求的形成路径和技术创业型企业类似于人力资本主导企业的阶段性发展特点，以及技术创业团队公平分配和创自己事业的心理需求，深入分析技术创业型企业股权动态配置的机理。

基于企业股权配置分析框架，技术创业型企业由创始资金为代表的资金资本和原创技术为代表的技术资本组成。资金资本与所有者可分离的特点，使其能够为企业对外承诺提供担保，若出现经营不善的情况可为其提供偿还，展现出资金资本的可抵押性。同时，资金投入后迅速物化，成为企业的强专用性资本，导致资金在撤出前持续承担企业发展中的风险。不同于资金资本的迅速物化，技术资本是不断进行专用性投资最终累积形成的结果，其风险承担一部分来自企业外部的不确定性，另一部分来自技术专用性累积过程中资金资本持有者退出的道德风险。虽然技术资本具有与其所有者不可分离的特点，但是产权和物权的差异性导致产权的行使受到限制，即使技术资本持有者存在机会主义倾向，信息不完全、未来不确定等外部性的客观存在也会限制其机会主义行为的发生，使技术资本具有一定程度的可抵押性。可见，资金资本和技术资本都因其成为技术创业型企业的专用性资本而存在可抵押性和风险承担，从而拥有分配企业股权的资格。

企业间的差异源自异质性资源，是企业能力理论资源基础学派的核心观点。异质性资源的创造和积累成为提高企业竞争力的关键，企业发展过程中企业对异质性资源的依赖使其产生专有性，成为专有资本。企业高度依赖的专有资本一旦退出将导致企业生产力、竞争性下降，甚至影响企业其他生产要素的价值。如何避免专有资本退出对企业产生不利影响？针对这一问题，资源依赖理论提出专有资本参与股权配置。以资本的专有性为股权配置依据，实现决策权力与资本专有性相对应，不仅可降低专有资本退出的概率，而且股权配置能够促进资本专有性持续发挥，保证企业稳定发展。企业的专有资本并非一成不变，而是随着企业发展所需的核心资源逐渐变化。技术创业型企业创立初期，因原创技术差异性有待显现，外部资本市场难以判定企业发展前景导致很强的外部融资约束，加之原创技术孵化存在不确定性，使资金资本面临较高风险，而原创技术孵化转化急需资金支持，导致此时创始资金成为技术创业型企业成立和发展的核心资源，具有很强的专有性。随着原创技术成功孵化为差异性产品并被市场认可，原创技术所承载的差异性技术产品逐步成为技术创业型企业发展的核心资源，且技术原创性支撑企业竞争力，提高了资本市场对企业未来发展前景的预估，直接降低了资金风险、缓解了外部融资约束。可见，随着技术创业型企业的发展，核心资源从高度依赖创始资金向高度依赖原创技术转变，这一变化过程要求技术创业型企业股权配置随之动态演变，以公平体现不同发展阶段资本贡献度，保证团队稳定、促进能力发挥，实现技术创业型企业的稳定发展。

企业能力理论认为，资源或能力具备的专有性能够促使其创造出高于行业平均水平的剩余收益，体现资本专有性贡献度。同一企业中不同资本对剩余收益的贡献，取决于资本间的专有性呈现速度，资本的专有性呈现速度越快，该资本对剩余收益的贡献越大，进而具有更强的谈判能力。因此，技术创业型企业股权配置一方面要考虑创业资本的专有性贡献度，即高于行业平均水平的剩余收益，确定股权动态调整幅度；另一方面需明确不同资本的贡献比例，即资本专有性呈现速度，判断股权在原始出资人和技术创业团队之间的调整方向。

基于此，构建技术创业型企业股权动态配置的概念模型，如图 4-3 所示。技术创业型企业不同发展阶段，创始资金和原创技术表现出不同的专有性呈现速度，对两类资本的谈判力产生重要影响，进而决定了企业股权在出资人和技术创业团队之间配置的变化。以企业生命周期理论为基础，根据创业资本专有性贡献度与呈现速度在技术创业型企业不同发展阶段的变化特征，将股权动态配置的过程分为创立阶段、中试阶段、发展阶段、快速发展阶段四个阶段，分析不同阶段技术创业型企业股权动态配置的机理。

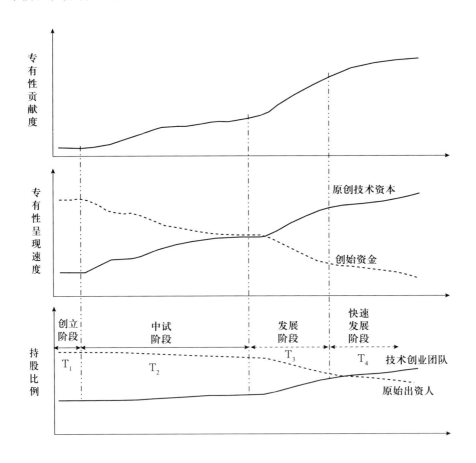

图 4-3　技术创业型企业股权动态配置概念模型

一、创立阶段

一般来说，典型的专有性、通用性资本包括以下四种：能够发现市场获利机会并具有组织能力以实现获利的企业家；拥有的技术或专利可以创造巨额商业利润的技术人员；处于资本稀缺环境但是自身拥有大量可投资资本的资本持有者；自身拥有的社会关系可以掌握并实现商业契机的人。可见，那些能够识别原创技术发展潜力且愿意为其提供资金支持的出资人便成为专有性资本的持有者，即创始资金在此阶段因其具有的稀缺性和不可或缺性，成为技术创业型企业创立初期的强专有性资本。其专有性呈现速度很快，是企业生产得以正常运营的核心。

注册成立后技术创业型企业主要进行原创技术向差异新产品的孵化转化（T_1 区间）。此阶段由于原创性技术潜力仍待开发，孵化过程中存在很强的或然性风险，技术创业团队难以通过资本市场获得融资。虽然技术创业团队持有的原创技术具有强专有性的潜力，但是原创技术承载的差异性产品未被开发完成，其专有性呈现速度几乎为零。但是，技术资本依附于技术创业团队的特点，使原创技术的孵化依赖于持有者，需要给予其部分股权以事先激励技术创业团队能力的能动发挥和原创技术专用性投资的持续进行。因此，技术创业团队在创业初期持有小比例股权。孵化过程中存在很强的或然性风险，技术创业团队难以通过资本市场进行外部融资，导致那些能够识别原创技术发展潜力且愿意为其提供资金支持的原始出资人，成为专有性资本的持有者，即创始资金在此阶段因稀缺性和不可或缺性，成为技术创业型企业创立初期的专有资本，具有较高的专有性呈现速度。由于孵化阶段难以创造剩余收益，不存在股权动态配置的基础，股权配置稳定维持于初始状态。

二、中试阶段

随着原创技术成功孵化为差异性产品,步入逐渐被市场认同和接受的发展初期(T_2区间)。技术资本在差异性产品被市场接受的过程中显现出较好的发展前景,且逐渐展现对企业发展潜力的支撑作用,技术资本专有性开始显现,且呈现速度逐步增加的趋势。然而,技术创业型企业发展初期,差异性产品仍处于被市场接受的观望阶段,技术创业型企业依然面临较强的融资约束。虽然技术资本专有性呈现速度有所增加,但在发展初期资金资本相较于技术资本依然展现出强专有性,因此技术创业型企业应维持出资人掌握控股权的配置状态,技术创业型企业股权配置表现出原始出资人持股比例缓慢下降、技术创业团队持股比例缓慢上升的趋势。

三、发展阶段

随着差异性产品被市场认可,商业前景已被公众了解,投资资金的风险大大降低,企业面临的融资约束大幅下降,资本注入的条件也随之弱化,资金资本的专有性呈现速度急剧下降(T_3区间)。同时,技术资本因其承载的产品差异性已经成为支撑技术创业型企业在行业竞争中脱颖而出的核心力量,而且企业未来出众的技术革新也依赖于技术创业团队能力和能动性的发挥,此时技术资本专有性呈现速度持续增加,超过资金资本专有性呈现速度。技术资本在此阶段的专有性呈现速度大于资金资本,不断创造收益,此时技术创业型企业股权随着技术资本专有性的不断显现而进行动态配置,技术创业团队持股比例快速上升、原始出资人持股比例快速下降,技术创业团队的股权持有量逐步提高,但由于前期股权比例积累,原始出资人持股比例依然大于技术创业团队。

四、快速发展阶段

对于孵化期已结束、产品差异性和性价比得到市场认同、超行业平均值的利润空间已可量化的技术创业型企业，已经步入了依靠资金占领市场的快速发展阶段（T_4 区间）。区别于一般企业，处于快速发展时期的技术创业型公司具有两个特点：第一，持有核心技术的技术创业团队努力在企业持续发展中发挥关键作用，具有"创自己事业"的自我实现需要；第二，经过技术孵化及营销尝试，顺利进入市场占领的快速发展阶段后，企业发展潜力已被市场充分了解，创始资金风险降低，融资约束随之弱化，技术创业团队获取所需资金的能力发挥以及保持产品差异性的技术支持远重要于原始出资人的创业资本风险。可见，快速发展阶段原始出资人持有的创始资金专有性呈现速度持续下降，而原创技术专有性呈现速度持续提高。加之技术资本因其承载的产品差异性显现，成为支撑技术创业型企业竞争力的核心资源，创业资本的专有性贡献促使企业收益不断增长，进一步扩大股权配置的基础。此阶段，技术创业团队持股比例持续增长、原始出资人持股比例持续降低，技术创业团队持股比例可能超越原始出资人，拥有技术创业型企业控制股权。

第五章 技术创业型企业股权动态配置的模型构建

第一节 股权动态配置的依据及其量化

基于技术创业型企业股权动态配置的机理分析，企业异质性资源或能力创造出高于行业平均水平的剩余收益，集中体现了该资源或能力的专有性贡献度。不同资本对剩余收益的贡献比例取决于资本间相对的专有性呈现速度，决定了原始出资人和技术创业团队在股权配置时的谈判能力。基于此，本书以专有性贡献度、专有性呈现速度为股权动态配置的依据，将现金收益与股权初始配置相联系，将股权动态配置与股权收益相联系，通过企业收益分配体现资本的专有性贡献度、专有性呈现速度，提出可分配收益和剩余可分配收益两个概念，作为股权动态配置依据的量化指标。

一、可分配收益——初始股权配置相关的现金收益分配量化

可分配收益即技术创业型企业某一时点的即时资本总额减去注册资本、

再融资总额、企业正常运营所需资金后得到的利润。如图 5-1 所示。

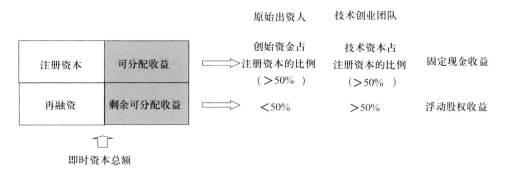

图 5-1 可分配收益与剩余可分配收益

技术创业型企业的利润创造是一个循序渐进的过程，当即时资本总额 – 注册资本 – 再融资总额 – 企业正常运营所需资金 >0 时，则产生可分配收益。契约协议约定，当产出可分配收益时优先分配注册资本的现金收益。由于原始出资人和技术创业团队在注册初期的持股比例很好地体现了双方的资本专有性贡献度，因此依据原始出资人和技术创业团队在技术创业型企业创立初期的股权分配比例分配现金收益。因注册资本在孵化阶段承担了高于行业平均水平的资本风险，那么应协议约定以高于行业平均资本收益率的水平从可分配收益中提取现金收益，以体现注册资本的超行业平均水平的风险承担。则首先应以现金收益比例计算总的现金收益，再依据初始股权比例在原始出资人和技术创业团队之间进行现金收益的分配。但是，在技术创业型企业发展过程中也会出现某一期间产出的可分配收益没有满足按照协议约定的收益率分配的现金收益的额度，那么按照优先原则，将该期间的所有可分配收益按照初始股权比例直接分配作为现金收益。

二、剩余可分配收益——股权动态配置实现的股权收益分配量化

所谓剩余可分配收益即可分配收益在满足注册资本的固定现金收益后的剩余利润，原始出资人和技术创业团队以股权形式获取此部分收益。当出现剩余可分配收益时，原创技术因承载的产品差异性已经被认可，并逐步开拓和占领市场份额，展现出的良好发展前景大幅降低了企业的融资约束，导致技术资本专有性呈现速度加快，而资金资本专有性呈现速度急剧下降。可见，剩余可分配收益实际上是技术资本专有性承载技术创业型企业核心竞争力超出行业水平而创造出的超额收益。那么，技术创业团队应为剩余可分配收益的主要分配方，而因资金资本作为物化于技术创业型企业的专用性资本，风险承担是客观存在的，因此资金资本具有参与股权收益分配的资格。但又因资金资本的专有性呈现速度大跌，导致原始出资人谈判能力较弱，那么在剩余可分配收益分配时，原始出资人仅能以低于技术创业团队的比例获得剩余分配。由于技术和创业团队来自剩余可分配收益的股权收益比例大于原始出资人，使前者持股比例的增长速度快于后者。而在剩余可分配收益的分配比例一定时，技术创业团队的股权增长速度则完全取决于剩余可分配收益的绝对量，且剩余可分配收益的规模则由原创技术的差异性和技术创业团队的能力能动性决定。也就是说，以剩余可分配收益作为股权收益分配的依据，是在保证原始出资人高额资本收益的前提下，将创业心理愿景的实现速度给予技术创业团队自身，有利于促进技术创业团队能力能动性的发挥，进而有效保证创业团队的稳定、提高技术创业型企业规模化发展的成功概率。

第二节 股权动态配置模型构建

一、模型假设与符号说明

结合技术创业型企业的机理分析以及发展特点，将技术创业型企业发展阶段划分为孵化期、中试阶段、发展初期、快速发展期。为更好地说明模型的时序性，本书在上述阶段划分的基础上，以注册成立、出现可分配收益、出现剩余可分配收益三个时间点，将技术创业型企业的发展划分为：注册成立且未出现可分配收益、出现可分配收益但未出现剩余可分配收益、出现剩余可分配收益三个时期，探讨股权动态配置模型。不同阶段划分的对应如图 5-2 所示。

图 5-2 技术创业型企业收益产出与发展阶段

结合技术创业企业股权动态配置机理，以及股权动态配置的依据及其指标量化，提取与股权动态模型相关的变量。具体地，该股权分配模型所涉及的变量符号如表 5-1 所示。

表 5-1 相关符号说明

相关符号	符号说明	相关符号	符号说明
C_0	注册资本	C	即时资本总量
α_{max}	注册资本超额收益率	C_1	债权融资额

续表

相关符号	符号说明	相关符号	符号说明
ΔC	可分配收益	λ	债务年利息率
$\Delta'C$	剩余可分配收益	Fee	正常运营所需费用
γ	技术资本占注册资本的比例	R	股票市盈率
β	技术创业团队剩余可分配收益分配比例	ER_m	技术创业团队持股比例
ER_c	出资人持股比例		

根据技术创业型企业股权动态配置机理分析，因技术创业型企业创立初期原创技术需孵化，其差异性未显现，引发资金面临较强的风险，具有很强的外部融资约束，导致创始资金具有稀缺性且不可或缺，使其展现出很强的专有性，并具有较高的专有性呈现速度。因此，股权初始配置时原始出资人谈判能力高于技术创业团队，并具有掌控资金风险的需求，促使创立初期原始出资人的持股比例高于技术创业团队。由此提出模型的假设1：

假设1：技术创业团队和原始出资人分别以技术资本和资金资本出资创立技术创业型企业，占比分别为 γ 和 $1-\gamma$。技术创业团队和原始出资人分别以 γ 和 $1-\gamma$ 分配可分配收益，且 $0<\gamma<0.5$；技术创业团队和出资人分别以 β 和 $1-\beta$ 分享剩余可分配收益，且 $0.5<\beta<1$。

可分配收益是经市场诸多因素影响的收益结果，包括了行业平均风险收益。按照创立初期原始出资人和技术创业团队的股权比例，参考行业平均收益率，分配现金收益。由此提出模型的假设2：

假设2：第 m_1 年首次出现可分配收益 $\Delta C_{m_1}=C-C_0-C_1-\lambda C_1-\text{Fee}<\alpha_{\max}C_0$，首先分配现金收益即注册资本收益，技术创业团队和出资人以现金形式分别获得 $\gamma\Delta C_{m_1}$ 和（$1-\gamma$）ΔC_{m_1}。

若可分配收益在分配行业平均收益（现金收益）后仍有剩余，即

$\Delta'C_t=\Delta C_t-\alpha_{avgt}C_0>0$，此部分为创始资金高于行业平均水平的专有性贡献度，是技术创业型企业实现股权动态配置的关键，且剩余可分配收益在技术创业团队和原始出资人之间的分配比例取决于资本的专有性呈现速度。因此，按照当前时刻创始资金专有性呈现速度分配剩余可分配收益。由此提出模型的假设3：

假设3：t 时刻出现剩余可分配收益 $\Delta'C_t=\Delta C_t-\alpha_{avgt}C_0>0$，原始出资人和技术创业团队分别依据其谈判力所得 β_{Ct} 和 β_{Tt} 的比例分配剩余可分配收益。那么，原始出资人和技术创业团队的股权增量分别为 $\beta_{Ct}\Delta'C_t$ 和 $\beta_{Tt}\Delta'C_t$，其中 $\beta_{Ct}+\beta_{Tt}=1$。

本书聚焦于技术创业型企业股权配置所引发的技术团队稳定性和能动性问题，因此仅讨论股权在原始出资人和技术创业团队之间的配置，而不考虑股权再融资对股权配置的影响，故提出模型的假设4：

假设4：技术创业团队实现绝对控股前，债权融资是技术创业型企业获得外源资金的唯一渠道。

二、模型建立

如图 5-2 所示，将技术创业型企业依据可分配收益和剩余可分配收益的产出分为三个阶段，以分析不同阶段原始出资人的资本收益，包括现金收益和股权收益，以及技术创业团队的股权动态变化。

第一阶段：技术创业型企业注册成立且未出现可分配收益 ΔC。

原始出资人以（$1-\gamma$）C_0 的创始资金、技术创业团队以技术资本 γC_0 组成注册资本 C_0 创立公司，进入原创性技术转化为差异化产品的孵化期，企业主要依靠原始出资人提供的创始资金（$1-\gamma$）C_0 维持正常运营。此阶段，技术创业型企业股权即为注册时期技术资本与资金资本占注册总资本的比例

配置，即

$$ER_m = \gamma \tag{5-1}$$

$$ER_c = 1 - \gamma \tag{5-2}$$

由于此阶段技术创业型企业没有利润产出，原始出资人无法获得资本收益。

第二阶段：出现可分配收益 ΔC，未出现剩余可分配收益 $\Delta'C$。

如假设 2 所述，技术创业型企业第 m 年至第 $n-1$ 年可分配收益 $0 < \Delta C = C - C_0 - (1+\lambda)C_1 - \text{Fee} < \alpha_{\max}C_0$。虽然可分配收益额度没有满足融资契约约定的 $\alpha_{\max}C_0$，但是按照优先现金收益的分配原则，将所产生的所有可分配收益用于分配现金收益。那么，技术创业团队获得资本收益（现金收益）：

$$\gamma \sum_{m=m1}^{n-1} \Delta C_m \tag{5-3}$$

原始出资人获得资本收益（现金收益）：

$$(1-\gamma) \sum_{m=m1}^{n-1} \Delta C_m \tag{5-4}$$

此阶段，因未出现剩余分配收益，技术创业型企业的股权配置保持注册成立时的比例不变，如式（5-1）和式（5-2）所示。

第三阶段：出现剩余可分配收益 $\Delta'C$。

如假设 3 所述，技术创业型企业第 n 年开始出现剩余可分配收益，即 $\Delta'C = \Delta C - \alpha_{\max}C_0 > 0$。此时依然按照融资契约优先分配固定现金资本收益，那么依据注册时资金资本和技术资本占比分配，技术创业团队第 n 年至第 t 年获得固定现金资本收益：

$$(t-n+1)\gamma\alpha_{\max}C_0 \tag{5-5}$$

原始出资人获得固定现金资本收益：

$$(t-n+1)(1-\gamma)\alpha_{\max}C_0 \tag{5-6}$$

不同于资本增值收益 $\alpha_{\max}C_0$，剩余可分配收益 $\Delta'C$ 是独立于资本增值收益的剩余收益，原始出资人和技术创业团队以股权形式获得。第 n 年首次出

现剩余可分配收益 $\Delta'C_n$，技术创业团队与原始出资人以 β 和 $1-\beta$ 分享剩余可分配收益，因剩余可分配收益而发生的股本变化如下：

	原始出资人	技术创业团队
第 n 年	$(1-\beta)\Delta'C_n$	$\beta\Delta'C_n$
第 $n+1$ 年	$(1-\beta)(\Delta'C_n+\Delta'C_{n+1})$	$\beta(\Delta'C_n+\Delta'C_{n+1})$
…	…	…
第 t 年	$(1-\beta)\sum\limits_{i=n}^{t}\Delta'C_i$	$\beta\sum\limits_{i=n}^{t}\Delta'C_i$

由此，在出现剩余可分配收益后，第 t 年技术创业团队获得的剩余可分配收益（股权收益）为：

$$\beta\sum_{i=n}^{t}\Delta'C_i \tag{5-7}$$

原始出资人获得的剩余可分配收益（股权收益）为：

$$(1-\beta)\sum_{i=n}^{t}\Delta'C_i \tag{5-8}$$

那么，第 t 年技术创业团队所持股本为：

$$\gamma C_0+\beta\sum_{i=n}^{t}\Delta'C_i \tag{5-9}$$

原始出资人所持股本为：

$$(1-\gamma)C_0+(1-\beta)\sum_{i=n}^{t}\Delta'C_i \tag{5-10}$$

技术创业型企业总股本为：

$$C_0+\sum_{i=n}^{t}\Delta'C_i \tag{5-11}$$

由式（5-9）、式（5-10）、式（5-11）得到，技术创业团队和原始出资人的持股比例分别为：

$$ER_{m,t}=\frac{\gamma C_0+\beta\sum\limits_{i=n}^{t}\Delta'C_i}{C_0+\sum\limits_{i=n}^{t}\Delta'C_i} \tag{5-12}$$

$$ER_{c,t} = \frac{(1-\gamma)C_0 + (1-\beta)\sum\limits_{i=n}^{t}\Delta'C_i}{C_0 + \sum\limits_{i=n}^{t}\Delta'C_i} \qquad (5-13)$$

由于双方股权变化主要取决于剩余可分配收益及该收益的分配比例，技术创业团队每期分配到的剩余可分配收益均多于原始出资人，决定了技术创业团队股权持有量的增速大于原始出资人。在剩余可分配收益的分配比例一定时，增速的大小完全取决于技术创业团队创造出的剩余可分配收益 $\Delta'C$ 的大小。那么，技术创业团队获取绝对控股权时自身持有的股本大于原始出资人，即为式（5-9）、式（5-10）的差值：

$$\left[\gamma C_0 + \beta\sum\limits_{i=n}^{t}\Delta'C_i\right] - \left[(1-\gamma)C_0 + (1-\beta)\sum\limits_{i=n}^{t}\Delta'C_i\right] \geqslant 0 \quad (0<\gamma<0.5;\ 0.5<\beta<1)(5-14)$$

整理可得技术创业团队实现绝对控股时需累积创造的剩余可分配收益为：

$$\sum\limits_{i=n}^{t}\Delta'C_i \geqslant \frac{1-2\gamma}{2\beta-1}C_0 \qquad (5-15)$$

由式（5-4）、式（5-6）、式（5-8）可得技术创业团队在第 t 年实现绝对控股时，原始出资人的资本收益总额为现金收益与股权收益的总额，将股本与市盈率的乘积计算为股权收益，那么出资人的总收益为：

$$(1-\gamma)\sum\limits_{m=m1}^{n-1}\Delta C_m + (t-n+1)(1-\gamma)\alpha_{max}C_0 + R(1-\beta)\sum\limits_{i=n}^{t}\Delta'C_i \qquad (5-16)$$

综上，由式（5-1）、式（5-2）、式（5-12）和式（5-13）构成技术创业型企业股权动态配置时序结构模型如下：

$$ER_{m,t} = \begin{cases} \gamma & t < n \\ \dfrac{\gamma C_0 + \beta\sum\limits_{i=n}^{t}\Delta'C_i}{C_0 + \sum\limits_{i=n}^{t}\Delta'C_i} & t \geqslant n \end{cases} \qquad ER_{c,t} = \begin{cases} 1-\gamma & t < n \\ \dfrac{(1-\gamma)C_0 + (1-\beta)\sum\limits_{i=n}^{t}\Delta'C_i}{C_0 + \sum\limits_{i=n}^{t}\Delta'C_i} & t \geqslant n \end{cases}$$

$$(5-17)$$

该股权动态分配模型对技术创业型企业的适用性表现在以下四个方面：第一，剩余可分配收益在可分配收益的基础上剔除了注册资本增值和企业正常运营所需资金，是技术资本专有性超出行业水平的集中体现。以此为依据进行股权分配能够公平体现技术创业团队技术资本专有性的贡献度。第二，注册时协议约定当公司存在可分配收益时，优先给予注册资本高于行业平均水平的资本增值，并且原始出资人可以分享剩余可分配收益，体现了创始资金在技术创业型企业注册初期的专有性地位，并对其在技术向产品孵化阶段所承担的巨大资金风险给予了包括高额风险佣金在内的资本收益，同时考虑了创始资金作为专用性资本风险承担的客观存在。第三，技术创业团队以大于原始出资人的比例获得剩余可分配收益，双方分享剩余可分配收益的比例差使技术创业团队持股比例增长快于原始出资人，那么技术创业团队可依靠技术资本专有性的累积使持股比例超过原始出资人，而绝对控股实现所需的时间则取决于技术资本专有性的呈现速度。可见，该股权动态配置模型可通过不断增加的剩余可分配收益实现技术创业团队的绝对控股，达到其创自己事业的目的，以保证技术创业团队的长期稳定。第四，公司的稳定发展需要技术的持续创新，该股权动态分配模型具有收益相关性和时变性的特点，将技术研发成果与技术创业团队联系起来，有利于技术的不断更新，保证技术创业型企业的持续发展。

第六章　基于股权动态配置的
技术创业型企业融资契约设计

　　不完全契约理论认为，由于人们的有限理性、信息的不完全性、交易事项的不确定性、第三方无法证实等原因的客观存在，导致对所有权力的明晰成本很高，签约双方难以实现对未来或然事件下的决策在契约中形成完备的规定，也就是说完全的契约是不可能存在的，不完全契约是一定并且是经常存在的。就是因为契约不完全性的客观存在，更加要求强调事前的权利机制设计和产权制度安排，以保证自然状态实现后该机制或制度安排能够顺利执行，而不同的产权机制和制度安排则表现为相应的契约设计。

　　对于技术创业型企业来说，信息不对称、有限理性等因素的客观存在，直接导致了融资契约的不完全。依据不完全契约理论，技术创业型企业的融资契约设计应事前强调不同利益相关者的权利配置和产权安排，以保证企业财务治理发挥效用。如图6-1所示，技术创业型企业融资制度安排和融资契约设计不仅关系到能否适时足额融得所需资金，而且需要充分考虑企业孵化期和发展期利益相关者的权利配置。可见，合理的融资契约设计是保证技术创业型企业适时融得所需资金的关键因素，也是实现企业权利有效配置、提高股权治理效用以促进企业持续发展的重要途径。

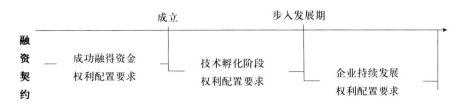

图 6-1　技术创业型企业融资契约事前设计分析框架

第一节　技术创业型企业创始资金特征分析

创始资金即原始出资人在孵化期提供给技术创业团队以注册成立企业，并进行原创技术孵化转化的初始投资资金。进行合理的技术创业型企业创始资金融资契约设计，首先要明晰技术创业型企业不同发展阶段的资金风险，以及与此相对应的技术创业型企业的融资需求和原始出资人的投资要求。因此，本书从上述两方面展开技术创业型企业创始资金融资特征的分析。

一、技术创业型企业阶段性资金风险

本书研究的技术创业型企业是一类由持有尚处于概念阶段原创性技术的技术创业团队，借助原始出资人提供的小额创始资金，通过原创性技术向差异性产品的自我孵化、实现"创自己事业"的一类新型企业群体。一般来说，技术创业型企业需要经过技术孵化、市场检测和市场认同等阶段，且其以技术创业团队为创业主体、原创技术参与股权配置的特点，使投入于技术创业型企业的资金除面临一般共有的外部风险外，还承担着如下特殊风险：

（一）技术孵化风险

不同于成熟技术应用后的直接产出效益，技术创业型企业需要经过将尚处于概念阶段的原创性技术转化为可运用与生产的技术，并需要经过市场的检验和接受。在这期间存在着种种如技术能否成功孵化，孵化出的差异性产品是否足以占领市场等不确定因素，导致资金需要承担原创性技术孵化过程、市场认同过程中的诸多或然性风险。该风险集中于技术创业型企业的创立初期。

（二）企业经营风险

技术创业型企业发展初期的规模很小，经营范围较为单一，导致其抗风险能力很弱。外部如宏观经济波动，相关行业改进，国际政策变动等因素容易对其产生影响，更增加了技术创业型企业经营的不稳定和发展的不确定性。

（三）运营管理风险

技术创业型企业在通过市场检验后逐渐被市场接受，其生产规模和发展速度将进入一个新的阶段，而且企业规模随着生产规模的不断增加而扩大，人员管理、部门设置、职责分配都与之前小规模经营有较大不同。那么，如何适时融得市场拓展所需资金，如何保证企业能够顺利从小规模生产向大规模经营的转变？这些变化中所存在的不确定性导致技术创业型企业面临运营管理风险。

技术创业型企业从创立到实现规模化发展需经过多个发展阶段，上述风险因企业发展阶段不同而表现出不同的强弱，即每一阶段企业的资金风险皆不相同，也就是说技术创业型企业的成长过程随着收益和风险的不断变化，直接影响着企业在不同发展阶段可能面临的融资约束程度。依据企业生命周期理论，结合技术创业型企业需要经过技术孵化、市场检测和认同等特殊阶段，本书将技术创业型企业的成长划分为以下四个阶段：孵化期、中试阶段、发展初期、快速发展期。

将有创意的想法或技术经过孵化转化，并通过中试后形成能够在市场上销售的商品。技术创业型企业需要经过孵化期将处于概念阶段的原创性技术转化为差异性产品。这一时期企业类似于一粒种子，并未在外部市场开始正式的经营，企业主要面临着原创技术是否能够成功转化为差异性产品的技术孵化风险，以及是否能够被新市场接受的经营风险，不确定因素很多并且难以预估，导致资金需要承担很高的风险。技术创业企业的资金风险在孵化期持续位于较高水平。

当原创技术成功孵化为具有差异性的、可供市场销售的产品时，企业便步入了发展初期。此阶段技术孵化风险大幅降低，是否能够通过市场测试、是否能够被市场接受，即经营风险成为技术创业型企业此阶段面临的主要风险。由于市场定位、消费者认同、营销方式、行业竞争等多种影响因素的客观存在，资金风险依然处于较高水平，但随着原创性技术成功孵化为差异性产品，并逐渐被市场接受，资金风险较孵化期有所降低。

当技术基本成熟、产品上市后被市场接受、生产结构趋于稳定，技术创业型企业便进入了快速发展阶段。此时原创技术创业型企业已经基本没有技术孵化和市场认同风险，促使非系统性风险逐渐降低。但是，企业处于简单的小规模企业向复杂的大规模企业的过渡阶段，内部经营管理需要不断完善，加上外部投资者的进入，会给技术创业型企业带来运营管理风险。此外，与孵化期和发展初期相比，产品差异性承载的核心竞争力能够保证企业的竞争地位，使资金风险明显降低。

综合上述分析，技术创业型企业从孵化期到快速发展期，资金风险表现出由很高到较高，最后持续降低并于较低水平趋于稳定的趋势，主要的风险也从技术孵化风险、企业经营风险最终转化为企业经营风险和运营管理风险。

二、原始出资人和技术创业团队的心理需求

追求低风险、高收益是投资者的共性需求，且资金承担的风险越大，获得的收益越高。通过上文分析可知，技术孵化风险在技术创业型企业的孵化阶段是客观存在的，且原创技术能否成功孵化直接关系到企业是否能够在行业竞争中存活。创始资金在此阶段承担了很高的资金风险，因而要求高额的资本收益。同时，由于企业经营风险和运营管理风险在企业后续发展中持续存在，且技术创业团队为技术创业型企业的创业主体，而原始出资人多以获得高额资本增值为目标，因此创始资金需要有明确、灵活的资本退出方式，以保证资本顺利退出以获得资本收益，降低不必要的非系统性风险。

对于技术创业团队来说，原创技术的孵化是一个漫长的过程，尤其需要资金的长期稳定支持以确保技术能够顺利孵化为差异性产品。由于技术创业型企业在孵化期，甚至是发展初期进行市场检验的阶段，难以创造收益，导致其无法在成立时便给予创始资金收益。那么，技术创业型企业要求资本收益的支付具有滞后性，即与原始出资人之间的收益分配可以依据企业发展的状况进行灵活调整。加上技术创业团队以原创技术成立技术创业型企业，需要最终实现创自己事业的心理愿景，因此技术创业团队对企业的控制股权配置有要求，即技术创业团队最终获得企业的控制股权。

可见，技术创业型企业的创始资金融资具有以下特征：

（1）原始出资人在技术孵化期承担较高的资金风险，需要高额的资本收益，其获取资本收益的最终目标要求具有明确灵活的资本退出方式；

（2）技术创业团队需要长期稳定的资本支持原创技术的孵化转化，创自己事业的心理愿景促使其存在获得企业控制股权的需求；

（3）技术创业型企业需要能够依据企业利润产出决定资本收益的分配方式。

第二节　创始资金融资工具对比

基于上述创始资金的融资特征分析，可将技术创业型企业创始资金融资特点按照融资期限、控制股权配置、收益分配方式、退出机制四个方面，归纳如表6-1所示。进而结合债权融资、股权融资、夹层融资（以可转换债券为例）等融资工具的特征，对比其在上述四个方面对创始资金的适用性。

表6-1　股权融资、债权融资、夹层融资与创始资金融资对比

利益方	特征	创始资金融资需求	股权融资特征	债权融资特征	夹层融资特征
技术创业团队	期限	长期融资	长期	期限较短	3~5 年
	控制权	控制股权持有	资本参与决策管理	除特定情况，不参与经营决策	转股后有普通股东权力
原始出资人	收益	灵活分配方式	定额定期付息，收益低于股权融资	定额定期付息，收益低于股权融资	转前定额定期付息，转后股权收益
		资本收益稳定			
		高额资本收益			
	退出	资本退出明确	资本市场交易退出	到期还本	到期还本或转股
		方式灵活设计			
	清偿顺序	债权融资→可转换债券→股权融资			

股权融资是以部分企业所有权获得所需资金的融资方式。股权融资具有长期性，甚至是永久性，即股权融资获得的资金一般没有必须还款的到期日，本金的回收多依赖于流通的证券市场。同时，股权融资的资本收益来源于股利支付，且对股利派发没有硬性要求，可依据企业经营状况决定是否派发股利和股利支付的额度。可见，股权融资的长期性，符合技术创业型企业获得

稳定资金的需求，且对股利支付和本金归还没有硬性约束，缓解了企业创立初期的资金压力。然而，股权融资对股利分配的软约束，无法保证创始资金获得稳定的资本收益，加上技术创业企业没有按期还本的义务，创始资金需借助资本市场实现资金退出，加剧了创始资金风险的不确定性和收益的不稳定性。而且，原始出资人以创始资金投入获得技术创业型企业的股权，随之便有监管日常经营、参与重大决策的权力，容易对技术创业团队的控制权形成威胁，与技术创业团队强烈追求绝对控制权，实现创自己事业的心理初衷相悖。

债权融资是企业以举债的方式融得所需资金，企业需要按照合约规定定期向债权人支付利息，并履行到期还款的义务。不同于投资人依据资金投入量的大小获得企业股权即所有权的股权融资，债权融资除非在一些特定情况下，如企业面临破产清算时，债权人会干预企业控制，一般情况下不会对企业控制权产生影响。同时，债权融资按期还本付息的运作原理保证了创始资金的稳定收益且明确了资金的退出机制，降低了创始资金的不确定性风险。但是，债权融资给予创始资金的利息收入与其投资技术创业型企业所承担的资金风险相比，资本的回报率过低，难以达到创始资金高收益的预期，且其融资期限较短，无法满足技术创业型企业原创技术孵化的长期资金需求。与股权融资相同，债权融资具有明确的退出方式，但退出方式较为单一，难以根据资金风险大小、资本增值收益进行灵活选择。但是，债权融资除在特定情况下不干预企业的经营管理外，不具有获取企业控制股权的意愿，能够满足技术创业团队保证自身持有控制股权的融资需求。

除股权融资和债权融资外，夹层融资也是主要的融资工具之一，本书以可转换债券为例展开分析。所谓可转换证券是在一定时期按照约定比例和价格能够转换成另一种一定数量的证券。可转换债券和债权融资一样，也要求按照一定的期限和利率给予持有者固定利息，但是可转换债券的票面利率一般较低。可转换债券同时附有期权的性质，即可转换债券持有者在未来的一定条件下可以将其转变为企业股票，以参与企业的股利分配，这一转换规则意味着可转换债券持有者选择债转股后会影响企业的股权结构。可见，可转换债券给予持有者以债券形式退出或以股权形式继续获得的自主选择权，相较于股权融资和债券融资具有更加灵活的资本退出选择。且后期在企业成长前景较好时转为股权，能够给予资金较高的资本收益。加上可转换债券的清偿顺序位于股权融资之前，能够提高创始资金的收回概率，降低了资本血本无归的风险。但是，该融资工具在期初低于一般债权融资的固定利息收入，无法满足创始资金高收益的需求，高风险低收益，将难以在技术创业型企业创立时吸引资本投入创始资金。

第三节　技术创业型企业融资契约设计：以夹层融资为例

通过融资工具对比可知，以可转换债券为例的夹层融资相较于股权融资、债权融资在融资期限、稳定资本收益、提高资本增值、灵活资本退出等方面对技术创业型企业创始资金融资具有较强的适用性。尽管相较于股权和债权融资，夹层融资工具对技术创业型企业创始资金融资的适用性较优，但仍需通过融资契约设计，进一步完善夹层融资对满足技术创业型企业股权配置方面的适用性。

一、夹层融资契约选择动因及设计原理

夹层融资兼得股权和债权的部分特点，是介于股权融资和债权融资之间

的融资模式，处于企业资本结构的中层，风险与收益高于债权融资而低于股权融资。夹层融资的基本特点表现在以下五个方面：第一，提供还款期限为5~7年的长期资金；第二，分配收益和资本退出的期限分布可以根据融资企业的资金情况选择最恰当的结构，附带有投资者对融资者的权益认购权或转向普通股的转换权，具有固定的负债收益和浮动的股权收益，资本总的收益率可达15%~20%；第三，可在融资协议中加入限制性条款，降低违约率；第四，破产清偿顺序紧跟优先债权人，位于企业股东之前；第五，一般不愿长期持有股票，以退出企业实现投资回报为目标。依据夹层融资运作原理和特点，其对创始资金融资契约设计的适用性如图6-2所示。

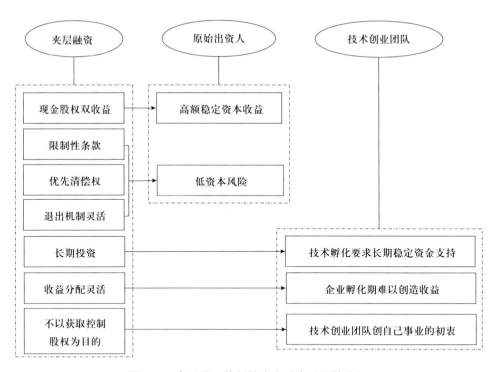

图6-2　夹层原理的创始资金融资适用性分析

夹层融资对原始出资人投资创始资金的优势表现在高额的资本收益和较低的资本风险两个方面。在欧美等发达国家，夹层贷款的固定现金年平均收益率可以达到 10% 以上，加上股权收益部分，夹层融资资金总的年平均资本收益率可以达到 15%~20%。可见，通过夹层资本的现金收益可稳定创始资金增值，夹层资本的股权收入提高创始资金收益，以满足原始出资人对资本收益稳定和高额的双层需求。相对于股权融资，夹层融资的破产清偿顺序紧跟优先债权人，位于企业股东之前，避免了投资者血本无归的惨痛结果，而且往往在融资协议中加入限制性条款，以降低交易违约率、保证投资者的资本回收率。同时，夹层融资会事先约定好还款方式即资本退出的模式，并且可以依据企业的现金流状况确定资本退出的时间，有效地缓解了诸多的不确定性，降低了创始资金的投资风险。

夹层融资提供中长期资金支持，恰好吻合技术创业型企业技术孵化阶段需要较为稳定的长期资金支持的需求。加上夹层融资允许分配收益和资本退出的期限分布根据融资企业的资金情况选择恰当的结构，这对于需要经过孵化期和市场认同期才会产生效益的技术创业型企业来说是最为合适的。而且，不同于带有控制权威胁性的私募股权融资，夹层投资者一般不愿长期持有股票，以退出企业实现投资回报为目标，其不觊觎企业控制权的特点迎合了技术创业团队规避股权稀释、获得企业控制股权的心理。

可见，夹层融资中优先的破产清偿顺序、限制性的协议条款、明确的资本退出计划，加之高于一般优先债权的定期收益和未来的股权收益，很好地降低了资本风险、提高了资本收益，能够满足原始出资人降低投资风险、稳定资本收益的需求。夹层融资中长期的资金支持、灵活的收益分配和资本退出结构设计、不具有控制权威胁的特点，满足了原创技术孵化长期稳定的资金支持和技术创业团队保证自身股权完整的需求。可见，基于夹层原理设计技术创业型企业创始资金融资契约具有可行性。尤其是现金股权双收益、收益分配方式和资本退出机制可依据企业发展特点进行灵活设计的特点，为技术创业型企业夹层融资契约中收益分配模式和资本退出机制设计提供了空间。

二、技术创业型企业股权动态配置的夹层融资契约设计

通过对创始资金的融资特征分析可知，原始出资人要求有高资本收益和低资本风险，技术创业团队存在获得企业控制股权实现创自己事业的心理愿景，技术创业型企业由于技术孵化期的客观存在，一方面要求较长期的稳定资金支持，另一方面因难以创立便实现盈利，需要较为灵活的收益分配机制。那么，技术创业型企业的融资契约设计只有同时满足上述原始出资人、技术创业团队以及企业自身的客观要求，才能保证融资契约的达成和顺利运作。

夹层融资介于债权融资和股权融资之间，此类具有债务和股权双重属性的融资契约，一方面能够有效分配企业产生的现金流，另一方面可状态依存地配置控制股权。如果合理设计融资契约中现金流分配的比例，不仅可以有效吸引投资者，而且能够激励控制股权持有者做出有效的决策。那么，对于技术创业型企业来说，原始出资人的稳定资本收益可以通过类似于债权融资利息的固定现金收益实现，降低资金风险则可通过与收益相关、可自主决定退出比例的资本退出机制实现，高额资本收益则可运用夹层融资现金股权双收益的特点，通过给予原始出资人部分股权收益而达到。同时，合理的股权收益设计，也可实现企业股权配置的动态调整，即通过设计合理的股权收益分配比例，调节原始出资人和技术创业团队的股权增速，进而实现股权依据收益的动态配置。由此，结合夹层融资设计原理以及技术创业团队和原始出资人各自的需求，设计如图 6-3 所示的技术创业型企业夹层融资契约。

如图 6-3 所示，原始出资人可以获得固定比例的现金收益，因为创始资金在技术创业型企业的孵化期承受了以技术孵化为代表的高额资本风险，决定了该固定资本收益率应高于行业平均水平。固定的现金收益能够达到稳定创始资金收益的目的，而创始资金的高额收益则来源于收益分配中的股权收益。同

时，股权收益的分配比例也决定了技术创业型企业的股权动态配置和创始资金的退出机制。需要明确的是，本书所指的股权收益并非股利分配，而是以股权的形式分配收益。技术创业团队和原始出资人的持股比例都会随着股权收益的分配而增加，那么，技术创业型企业股权结构的动态配置则通过股权收益在技术创业团队和原始出资人之间的分配比例实现。同时，通过股权收益的持有和退出选择，形成了创始资金灵活的退出机制：一方面，原始出资人可以持续持有全部股权收益，在协议约定的时期一次性退出，以获得股权增值收益；另一方面，原始出资人可依据自身对技术创业型企业发展前景的判断，结合可能存在的资金风险，选择以某一比例继续持有股权收益，将剩余的股权收益以现金形式作为资本退出。由此形成原始出资人可自我掌控资金风险和收益的资金退出机制，很好地降低了资金风险，稳定了资本收益。

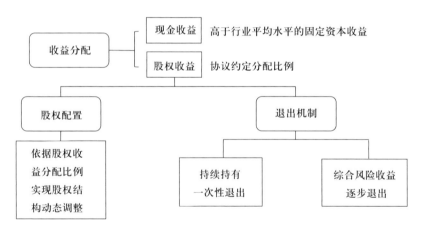

图 6-3　技术创业型企业夹层融资契约的设计原理

　　因技术创业型企业创立后的孵化期和发展初期原始出资人所给予的创始资金具有强专有性，且几乎为通用性资本，使原始出资人具有很强的谈判能力。因此在技术创业型企业创立时，以创始资金占大比例即原始出资人持有绝对控股权，而技术创业团队作为小股东进行股权配置。那么，固定现金收益给予原始出资人和技术创业团队的注册资本增值，是其高风险佣金的表现，则应依据公平反映创立初期资金资本和技术资本专有性呈现速度的注册资本的比例参与分配，即原始出资人以大比例参与固定现金收益。技术创业型企业的股权动态配置源于夹层融资设计中的股权配置比例，即技术创业团队和原始出资人分配股权收益的比例决定了两者股权增加的相对速度。股权收益是在满足协议约定资本增值后的剩余收益，集中体现了原创技术差异性成为技术创业型企业的核心竞争力后，其专有性呈现速度加快，技术资本专有性的贡献度增加，即为技术资本专有性创造的收益成果，那么技术创业团队应以绝对大比例参与分配。技术创业团队可依靠技术研发的差异性和经营管理的能动性，扩大股权收益的绝对数，进而增加自身的持股比例增长速度，累计以获得控制股权，实现创自己事业的初衷。技术创业型企业股权配置会随着夹层融资契约中股权收益的分配而产生变化，资本收益和股权动态配置的概念模型如图 6-4 所示。其中，C 表示原始出资人，即以创始资金为代表的资金资本；T 为技术创业团队，即技术资本。

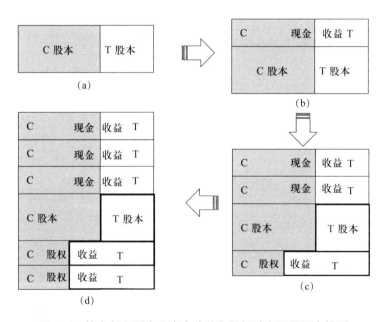

图 6-4 技术创业型企业资本收益和股权动态配置概念模型

原始出资人以资金资本占有大比例股权与技术创业团队成立技术创业型企业（a），当技术创业型企业有利润产出时，首先按照注册成立时的股权比例分配现金收益（b）。当按照协议约定比率分配现金收益后仍有剩余，则以技术创业团队大比例分配股权收益（c）。随着股权收益的不断积累，技术创业团队的持股比例会逐渐升高（d），以实现股权的动态配置。

第四节　基于技术创业型企业股权动态配置的融资契约扩展

当借助原始出资人较少的创业资金通过了初级阶段的产品开发与营销尝试，产品差异性被市场认同，并可据此量化评估出市场空间与利润水平时，技术创业型企业即步入了需要借助大规模融资以实现小企业向大企业快速发展的阶段。此时，仅依赖企业创收开展内源融资，或依靠原始出资人、技术创业团队自身的追加投资，是难以满足技术创业型企业资金需求的。加之，创自己事业的心理愿景促使技术创业团队产生维护股权完整的动机，而且原始出资人利益主要来自股权收益，作为企业创业者之一，也有维护企业股权完整的期望，但是通过对外股权融资获得企业发展资金必然导致创业经理层和原始出资人的股权稀释，因此双方都具有规避股权融资的偏好，债权融资成为更优的选择。然而，技术创业型企业主要拥有原创技术等智力资本，可供抵押的重资产等物质资本较少，导致以物质抵押获取债权融资较为困难。鉴于此，提出内部股权融资与外部债权融资的技术创业型企业股权动态配置融资模型，如图6-5所示。

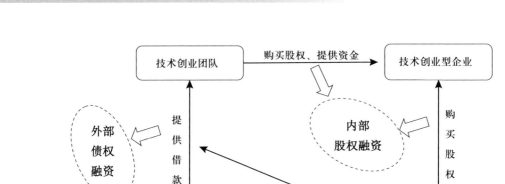

图6-5 内部股权融资 + 外部债权融资的股权动态配置融资契约

产品的差异性以及良好的发展前景使原始出资人能够预计企业未来的巨额资本增值，因此，原始出资人有意愿增资购买企业股权，企业通过原始出资人增资获得资金。技术创业团队不同于原始出资人，没有丰富的资本积累，需要通过借款购买企业股权，而原始出资人有资本实力及市场信誉担保技术创业团队从银行获得借款，使企业在融得资金的同时，将债权的还本付息压力转移给技术创业团队个体，企业与银行不存在直接的债权债务关系，避免了企业还本付息的资金压力。上述融资结构设计，技术创业型企业通过原始出资人增资、技术创业团队购买股权融得所需资金，对于创业团队来说股权没有对外流失，企业内部股权完整，属于内部股权融资。银行在原始出资人担保下为技术创业团队提供借款，通过创业经理层为企业发展提供资金，但未持有技术创业型企业股权，属于外部债权融资。

将股权动态配置与融资契约设计相结合，形成原始出资人增资获得股权、并担保技术创业团队举债购买股权，有助于解决企业快速发展时期占领市场的资金需求，避免企业出于资金压力而选择股权换资金的融资行为，保证了技术创业型企业的股权完整。

第七章　技术创业型企业股权的分配比例确认：以夹层融资契约为例

　　第五章得到的第 t 年原始出资人的资本总收益和技术创业型企业的股权动态配置时序结构模型，其中注册资本 C_0、可分配收益 ΔC、剩余可分配收益 $\Delta'C$、固定资本收益率 $\alpha_{\max}$，都是由技术创业型企业发展需求、发展状态所决定的，而 γ 也是依据技术创业型企业注册成立时技术创业团队的谈判能力所确定的。那么，如式（5–16）和式（5–17）所示，对原始出资人资本收益和技术创业团队股权配置具有直接影响，且能够通过融资契约自主协议约定的即为剩余可分配收益（股权收益）的分配比例 β。

　　由股权配置量化依据的分析可知，剩余可分配收益为可分配收益满足企业正常运营所需资金、保证注册资本收益后的剩余，是技术资本专有性承载的技术创业型企业核心竞争力超出行业水平创造的超额收益。当技术创业团队创造的剩余可分配收益与技术创业型企业的注册资本相等，说明原创技术专有性价值带来的剩余收益，已经足以代替现有技术创业型企业的注册资本，加上差异性产品被市场认同和接受，资金承担的风险大幅降低，企业面临的外部融资约束逐渐降低，相较于创业初期技术创业团队更易凭借显现出的差异性技术融得所需资金。而且，此时原创技术高于行业平均水平的竞争力成为保证注册资本收益、创造企业剩余收益的关键，也成为技术创业

·115·

型企业能够获得市场份额，得以立足的核心资源。那么，综合考虑因技术资本专有性呈现降低而导致的资金资本风险和融资约束的降低、原创技术专有性价值的公平体现，以及技术创业团队能力能动性发挥的激励效用，本章提出：在技术创业团队创造的剩余可分配收益与技术创业型企业的注册资本相等时，技术创业团队获取技术创业型企业的控制股权为较优选择。即$\sum_{i=n}^{t} \Delta'C_i = \frac{1-2\gamma}{2\beta-1}C_0 = C_0$，即$\frac{1-2\gamma}{2\beta-1}=1$，进一步求解得到综合上述因素的技术创业型企业股权收益分配的较优比例，即为$\beta=1-\gamma$。本章考虑股权配置和资本收益等因素，以相关要素间的帕累托最优为判断标准，对上述股权收益的较优比例进行检验和修正。

第一节　股权收益分配比例确认原则

本章将采取算例研究方法，对结合股权动态配置的时序模型，对相关变量赋值，全面考虑γ和β的可能组合，结合上述推论，对该分配比例的较优性进行验证。本章引入帕累托最优和边际效用递增两个标准，确定股权收益分配比例。具体比例筛选过程应遵循如下原则：

（1）以剩余可分配收益的边际效用递增为筛选依据。以剩余可分配收益为基准，分析剩余可分配收益增加后，原始出资人的资本收益率和技术创业团队控制股权时间的变化情况，要求剩余可分配收益增加，资本收益率没有减少，技术创业团队获得控制股权的时间没有增加。

（2）达到原始出资人资本年平均资本收益率、技术创业团队获得绝对控股所需的剩余可分配收益总额和时间的帕累托最优。依据帕累托最优的判定标准，即原始出资人资本年平均资本收益率、技术创业团队获得绝对控股所需的剩余可分配收益总额以及需要的时间三个变量，任意变量变好不会导致其他变量变坏的状态。

第二节　股权收益分配比例求解

首先参考企业孵化器中创业企业的平均数据对相关变量赋值，其次基于股权动态配置模型计算不同分配比例下的变量值，最后以边际效用递增和帕累托最优为标准进行比例筛选。

一、变量赋值

本章构建技术创业型企业股权动态配置，属于探索性研究，无法获取大样本数据，因此通过变量赋值分析不同发展状态下，兼顾技术创业团队创自己事业期望和出资人资本收益的可分配收益和剩余可分配收益较优分配比例。通过收集相关机构对技术创业型企业的创始资金投入信息发现，Y Combinator 对每个创业项目提供 2 万 ~15 万美元的资金支持，创新工场为筛选出的项目投资最低 50 万美元的资金，而麻省理工学院的德什潘德中心平均为每 100 个项目提供 1300 万美元资金资助。可见，一般技术创业型企业需要不到 100 万美元的创始资金。因此，依据假设 1，出资人与技术创业团队分别以资金资本和技术资本出资，成立注册资本为 100 万美元的技术创业型企业，其中，出资人因资金资本持有股权 $1-\gamma$，技术创业团队以技术资本持有股权 γ，且 $0<\gamma<0.5$。

研读北京、天津、上海等多家企业孵化器的毕业条件，企业在孵化器的时间一般为 3 年，最多不超过 5 年，且要求在孵企业有连续两年的营业收入增长，销售收入年平均增长率需达到 30%~50%。可见，企业一般在 3 年孵化期内即可产生部分利润，最长 5 年后就可脱离孵化器而自主经营。由此，依据假设 2 和假设 3，技术创业型企业孵化期的前 2 年不产生利润，第 3 年首次出现可分配收益，即 $m_1=3$ 且 $\Delta C_3=\alpha_{max}C_0$，其中 $\alpha_{max}=10\%$，第 4 年首次出现剩余可分配收益，即 $n=4$。出资人股权收益以保守的 5 倍市盈率计算市值。

依据现实中企业发展可能出现正常、缓慢、快速三种情况，结合普遍要求在孵企业 3 年毕业的现实状况，定义技术创业型企业的发展状况：

（1）正常发展：技术创业型企业经过 3 年孵化、4 年发展后，技术创业团队在第 7 年获得控制股权；

（2）缓慢发展：3 年孵化期后可分配收益以每年 15% 的速率增长，即

$$\Delta C_m=\alpha_{max}C_0$$

$$\Delta C_{m+1}=(1+15\%)\Delta C_m$$

$$\Delta C_{m+2}=(1+15\%)\Delta C_{m+1}=(1+15\%)^2\Delta C_m$$

$$\cdots$$

（3）快速发展：3 年孵化期后可分配收益每年以 1 倍、2 倍、3 倍的递增倍率增长，即

$$\Delta C_m=\alpha_{max}C_0$$

$$\Delta C_{m+1}=(1+100\%)\Delta C_m$$

$$\Delta C_{m+2}=(1+200\%)\Delta C_{m+1}$$

$$\Delta C_{m+3}=(1+300\%)\Delta C_{m+2}$$

$$\cdots$$

对变量赋值如表 7-1 所示。

表7–1　变量赋值

变量	赋值	变量	赋值
C_0	100	m_1	3
α_{max}	10%	n	4
R	5		

二、时序模型变量计算

依据表7–1相关变量赋值，以及技术创业型企业股权动态配置的时序结构模型，考虑γ和β的可能取值和组合，以确定较优分配比例。由假设1可知，$0<\gamma<0.5$，$0.5<\beta<1$，以0.05为递进，得到γ和β的可能取值各9种，共81种组合。为确定较优股权收益分配比例，首先对所需要的时序模型相关变量进行计算，步骤如表7–2所示。

表7–2　分配比例计算步骤

第一步	通过式（5–15）计算γ和β不同取值和组合条件下，技术创业团队实现绝对控股需创造的剩余可分配收益总额
第二步	通过式（5–16）依据剩余可分配收益总额，确定技术创业型企业发展缓慢、快速发展情况下，技术创业团队获得控股权的时间
第三步	通过式（5–17）参照剩余可分配收益总额和技术创业团队获得控股权的期限，计算出资人的年平均资本收益率
第四步	剔除资本收益率低、边际效用递减、极大极小值组，得到筛选结果

第一步，由式（5–15）计算γ和β不同取值和组合条件下，技术创业团队实现绝对控股需创造的剩余可分配收益总额。根据夹层融资契约设计，$0<\gamma<0.5$、$0.5<\beta<1$，以0.05为间隔对γ和β赋值并进行计算，计算所得剩余

可分配收益总额如表 7-3 所示。

表 7-3　剩余可分配收益总额　　　　　　　　　　单位：万美元

γ	β	剩余可分配收益总额	γ	β	剩余可分配收益总额
0.05	0.55	900.0000	0.25	0.80	83.3333
0.05	0.60	450.0000	0.25	0.85	71.4286
0.05	0.65	300.0000	0.25	0.90	62.5000
0.05	0.70	225.0000	0.25	0.95	55.5556
0.05	0.75	180.0000	0.30	0.55	400.0000
0.05	0.80	150.0000	0.30	0.60	200.0000
0.05	0.85	128.5714	0.30	0.65	133.3333
0.05	0.90	112.5000	0.30	0.70	100.0000
0.05	0.95	100.0000	0.30	0.75	80.0000
0.10	0.55	800.0000	0.30	0.80	66.6667
0.10	0.60	400.0000	0.30	0.85	57.1429
0.10	0.65	266.6667	0.30	0.90	50.0000
0.10	0.70	200.0000	0.30	0.95	44.4444
0.10	0.75	160.0000	0.35	0.55	300.0000
0.10	0.80	133.3333	0.35	0.60	150.0000
0.10	0.85	114.2857	0.35	0.65	100.0000
0.10	0.90	100.0000	0.35	0.70	75.0000
0.10	0.95	88.8889	0.35	0.75	60.0000
0.15	0.55	700.0000	0.35	0.80	50.0000
0.15	0.60	350.0000	0.35	0.85	42.8571
0.15	0.65	233.3333	0.35	0.90	37.5000
0.15	0.70	175.0000	0.35	0.95	33.3333
0.15	0.75	140.0000	0.40	0.55	200.0000

γ	β	剩余可分配收益总额	γ	β	剩余可分配收益总额
0.15	0.80	116.6667	0.40	0.60	100.0000
0.15	0.85	100.0000	0.40	0.65	66.6667
0.15	0.90	87.5000	0.40	0.70	50.0000
0.15	0.95	77.7778	0.40	0.75	40.0000
0.20	0.55	600.0000	0.40	0.80	33.3333
0.20	0.60	300.0000	0.40	0.85	28.5714
0.20	0.65	200.0000	0.40	0.90	25.0000
0.20	0.70	150.0000	0.40	0.95	22.2222
0.20	0.75	120.0000	0.45	0.55	100.0000
0.20	0.80	100.0000	0.45	0.60	50.0000
0.20	0.85	85.7143	0.45	0.65	33.3333
0.20	0.90	75.0000	0.45	0.70	25.0000
0.20	0.95	66.6667	0.45	0.75	20.0000
0.25	0.55	500.0000	0.45	0.80	16.6667
0.25	0.60	250.0000	0.45	0.85	14.2857
0.25	0.65	166.6667	0.45	0.90	12.5000
0.25	0.70	125.0000	0.45	0.95	11.1111
0.25	0.75	100.0000			

第二步，依据表7-3剩余可分配收益总额，确定技术创业型企业发展缓慢、快速发展情况下，技术创业团队获得控制股权所需要的时间。

若技术创业型企业缓慢发展，3年孵化期后可分配收益以每年15%的速率增长，即

$$\Delta C_m = \alpha_{\max} C_0$$

$$\Delta C_{m+1}=(1+15\%)\Delta C_m$$

$$\Delta C_{m+2}=(1+15\%)\Delta C_{m+1}=(1+15\%)^2\Delta C_m$$

...

计算可得每年可分配收益、剩余可分配收益，以及累积的剩余可分配收益额度如表7-4所示。

表7-4　可分配收益、剩余可分配收益、累计的剩余可分配收益额度（缓慢发展）

单位：万美元

年份	可分配收益	剩余可分配收益	累计剩余可分配收益	年份	可分配收益	剩余可分配收益	累计剩余可分配收益
1	0	0	0	11	30.5902	20.5902	77.8584
2	0	0	0	12	35.1788	25.1788	103.0372
3	10	0	0	13	40.4556	30.4556	133.4928
4	11.5000	1.5000	1.5000	14	46.5239	36.5239	170.0167
5	13.2250	3.2250	4.7250	15	53.5025	43.5025	213.5192
6	15.2088	5.2088	9.9338	16	61.5279	51.5279	265.0471
7	17.4901	7.4901	17.4238	17	70.7571	60.7571	325.8041
8	20.1136	10.1136	27.5374	18	81.3706	71.3706	397.1747
9	23.1306	13.1306	40.6680	19	93.5762	83.5762	480.7509
10	26.6002	16.6002	57.2682	20	107.6126	97.6126	578.3636

若技术创业型企业快速发展，3年孵化期后可分配收益每年以1倍、2倍、3倍的递增倍率增长，即

$$\Delta C_m=\alpha_{\max}C_0$$

$$\Delta C_{m+1}=(1+100\%)\Delta C_m$$

$$\Delta C_{m+2}=(1+200\%)\Delta C_{m+1}$$

$$\Delta C_{m+2}=(1+200\%)\Delta C_{m+1}$$

...

计算可得每年可分配收益、剩余可分配收益，以及累计的剩余可分配收益额度如表7-5所示。

表7-5 可分配收益、剩余可分配收益、累计的剩余可分配收益额度（快速发展）

单位：美元

年份	可分配收益	剩余可分配收益	年份	可分配收益	剩余可分配收益
1	0	0	4	20	10
2	0	0	5	60	50
3	10	0	6	240	230

第三步，根据表7-3、表7-4、表7-5数据，由式（5-17）计算原始出资人的年平均资本收益率，如表7-6所示。

表7-6 原始出资人年平均资本收益率

单位：美元

γ	β	正常发展		缓慢发展		快速发展	
		时间	收益率	时间	收益率	时间	收益率
0.05	0.55	7	311.6541	23	101.3730	7	310.2256
0.05	0.60	7	142.4812	19	58.2825	7	141.0526
0.05	0.65	7	86.0902	17	40.7430	7	84.6617
0.05	0.70	7	57.8947	16	30.3289	6	64.2105
0.05	0.75	7	40.9774	15	23.7895	6	44.4737
0.05	0.80	7	29.6992	14	19.1353	6	31.3158
0.05	0.85	7	21.7483	13	16.0183	6	21.8730
0.05	0.90	7	15.6015	13	12.2470	6	14.8684
0.05	0.95	7	10.9023	12	9.6930	6	9.3860
0.10	0.55	7	292.8571	23	95.6522	7	291.4286
0.10	0.60	7	134.1270	19	55.2047	7	132.6984

续表

γ	β	正常发展		缓慢发展		快速发展	
		时间	收益率	时间	收益率	时间	收益率
0.10	0.65	7	81.2169	17	38.7364	6	91.4198
0.10	0.70	7	54.7619	15	30.2222	6	60.5556
0.10	0.75	7	38.8889	14	23.7302	6	42.0370
0.10	0.80	7	28.3069	13	19.0883	6	29.6914
0.10	0.85	7	34.9206	13	24.9495	6	37.4074
0.10	0.90	7	15.0794	12	12.1296	6	14.2593
0.10	0.95	7	10.6702	12	9.5576	6	9.1152
0.15	0.55	7	271.8487	22	92.8610	7	270.4202
0.15	0.60	7	124.7899	18	54.0850	7	123.3613
0.15	0.65	7	75.7703	16	38.1495	6	85.0654
0.15	0.70	7	51.2605	15	28.5882	6	56.4706
0.15	0.75	7	36.5546	14	22.5630	6	39.3137
0.15	0.80	7	26.7507	13	18.2504	6	27.8758
0.15	0.85	7	31.8681	12	23.0070	6	33.8462
0.15	0.90	7	14.4958	12	11.7892	6	13.5784
0.15	0.95	7	10.4108	11	9.3523	6	8.8126
0.20	0.55	7	248.2143	21	88.9286	7	246.7857
0.20	0.60	7	114.2857	17	52.3529	7	112.8571
0.20	0.65	7	69.6429	15	37.1667	6	77.9167
0.20	0.70	7	47.3214	14	27.9464	6	32.7778
0.20	0.75	7	30.9524	13	21.3889	6	36.2500
0.20	0.80	7	42.8571	12	26.9231	6	46.6667
0.20	0.85	7	18.6224	12	14.1964	6	18.3929
0.20	0.90	7	13.8393	11	11.5341	6	12.8125

续表

γ	β	正常发展		缓慢发展		快速发展	
		时间	收益率	时间	收益率	时间	收益率
0.20	0.95	7	10.1190	11	9.1667	6	8.4722
0.25	0.55	7	221.4286	20	83.5000	7	220
0.25	0.60	7	102.3810	16	49.7917	6	116.1111
0.25	0.65	7	62.6984	14	35.6349	6	69.8148
0.25	0.70	7	25	13	17.9167	6	25.8333
0.25	0.75	7	33.9286	12	22.1154	6	40.7143
0.25	0.80	7	23.0159	12	16.7593	6	23.5185
0.25	0.85	7	17.3469	11	13.7662	6	16.9048
0.25	0.90	7	13.0952	11	11.0606	6	11.9444
0.25	0.95	7	9.7884	10	8.8519	5	7.7037
0.30	0.55	7	190.8163	19	76.0902	7	189.3878
0.30	0.60	7	88.7755	15	46.0952	6	100.2381
0.30	0.65	7	54.7619	13	33.3333	6	60.5556
0.30	0.70	7	37.7551	12	25.3571	6	51.8750
0.30	0.75	7	27.5510	12	19.4048	6	28.8095
0.30	0.80	7	25.1169	11	19.1818	6	29.3636
0.30	0.85	7	15.8892	10	13.1224	5	16.2449
0.30	0.90	7	12.2449	10	10.5714	5	11.1429
0.30	0.95	7	9.4104	10	8.5873	5	7.1746
0.35	0.55	7	155.4945	17	69.3213	7	154.0659
0.35	0.60	7	73.0769	14	40.8242	6	81.9231
0.35	0.65	7	45.6044	12	29.9359	6	49.8718
0.35	0.70	7	19.7479	11	14.8529	6	19.7059
0.35	0.75	7	23.6264	11	17.7622	5	27.0769

续表

γ	β	正常发展		缓慢发展		快速发展	
		时间	收益率	时间	收益率	时间	收益率
0.35	0.80	7	18.1319	10	14.6923	5	19.3846
0.35	0.85	7	14.2072	10	11.9451	5	13.8901
0.35	0.90	7	11.2637	9	9.8718	5	9.7692
0.35	0.95	7	8.9744	9	8.0912	5	6.5641
0.40	0.55	7	114.2857	15	58	6	130
0.40	0.60	7	54.7619	12	35.2778	6	60.5556
0.40	0.65	7	20.7483	11	15.0183	6	20.8730
0.40	0.70	7	25	10	19.5000	5	29
0.40	0.75	7	19.0476	9	15.9259	5	20.6667
0.40	0.80	7	15.0794	9	12.8395	5	15.1111
0.40	0.85	7	12.2449	9	10.6349	5	11.1429
0.40	0.90	7	10.1190	8	8.8542	5	8.1667
0.40	0.95	7	8.4656	8	7.4074	5	5.8519
0.45	0.55	7	65.5844	12	41.5909	6	73.1818
0.45	0.60	7	21.6434	10	15.5003	5	21.9173
0.45	0.65	7	22.2944	9	18.4512	5	25.2121
0.45	0.70	7	16.8831	8	14.7727	5	17.6364
0.45	0.75	7	13.6364	8	11.9318	5	13.0909
0.45	0.80	7	11.4719	7	10.0433	5	10.0606
0.45	0.85	7	9.9258	7	8.4972	5	7.8961
0.45	0.90	7	8.7662	7	7.3377	5	6.2727
0.45	0.95	7	7.8644	7	6.4358	5	5.0101

三、股权收益分配比例比较和确认

在时序模型变量计算基础上，通过剔除资本收益率低、边际效用递减、极大极小值组，进行比例筛选以得到对技术创业团队获得控制股权、原始出资人保证稳定高额资本收益的较优股权分配比例。具体步骤如下：

第一，$\gamma=0.05$ 或 $\gamma=0.1$，和 $\beta=0.95$ 或 $\beta=0.9$ 属极端值，极小比例股权难以激发技术资本专用性的发挥，也与资金资本应得的风险佣金不相匹配，故予以剔除，得到保留组。

第二，针对保留组，将剩余可分配总额按照升序排列，以最小值组为基准 M，计算 $M+1$ 与 M 的资本收益差值，以此类推。若剩余可分配收益增加，收益率却降低，表明增加的剩余可分配收益无正向效用，属低效率组，予以剔除（表7-7中斜体加粗），得到保留组。

第三，对保留组计算剩余可分配收益的边际效用，用创始资金收益率增长比上剩余可分配收益总额增长。若比值大于1，说明增加一个单位的剩余可分配收益时创始资金收益率的增长大于一个单位，即边际效用递增，属有效组，保留；若比值小于1，说明增加一个单位的剩余可分配收益时创始资金收益率的增长小于一个单位，即边际效用递减，属无效组，剔除（表7-7中斜体下划线加粗）。计算结果和保留过程如表7-7所示。

表7-7 剔除和保留结果

γ	β	剩余可分配收益增长	正常发展		缓慢发展		快速发展	
			收益率增长	边际效用	收益率增长	边际效用	收益率增长	边际效用
0.45	0.95	基准组						
0.45	0.9	极值组						
0.45	***0.85***	1.7857	1.1596	0.6494	1.1595	0.6493	1.6234	0.9091

续表

γ	β	剩余可分配收益增长	正常发展		缓慢发展		快速发展	
			收益率增长	边际效用	收益率增长	边际效用	收益率增长	边际效用
0.45	**0.8**	2.381	1.5461	0.6493	1.5461	0.6493	2.1645	0.9091
0.45	**0.75**	3.3333	2.1645	0.6494	1.8885	0.5666	3.0303	0.9091
0.4	0.95	极值组						
0.4	0.9	极值组						
0.45	0.7	0	6.7641		5.9185		9.4697	
0.4	*0.85*	3.5714	−4.6382		−4.1378		−6.4935	
0.35	0.95	极值组						
0.4	0.8	0	6.105		4.7483		8.547	
0.45	0.65	0	7.215		5.6117		10.101	
0.35	0.9	极值组						
0.4	0.75	2.5	7.7839	3.1136	6.0541	2.4216	10.8975	4.3590
0.35	*0.85*	2.8571	−4.8404		−3.9808		−6.7766	
0.3	0.95	极值组						
0.45	*0.6*	0	−3.3566		−3.9997		−7.0827	
0.3	0.9	极值组						
0.35	0.8	0	5.887		4.1209		8.2417	
0.4	0.7	0	6.8681		4.8077		9.6154	
0.25	0.95	极值组						
0.3	0.85	1.5873	6.1008	3.8435	4.2705	2.6904	8.5412	5.3810
0.35	0.75	2.8571	7.7372	2.7081	4.6398	1.6240	10.832	3.7913
0.25	0.9	极值组						
0.4	*0.65*	0	−12.3686		−10.1635		−19.4906	
0.2	0.95	极值组						
0.3	0.8	0	22.9979		16.0151		31.8914	

续表

γ	β	剩余可分配收益增长	正常发展		缓慢发展		快速发展	
			收益率增长	边际效用	收益率增长	边际效用	收益率增长	边际效用
0.25	**0.85**	4.7619	−3.4014		−1.2521		−3.9682	
0.2	0.9	极值组						
0.35	0.7	0	5.9086		3.3188		6.8934	
0.15	0.95	极值组						
0.3	0.75	2.2222	17.1402	7.7132	10.0525	4.5237	19.9969	8.9987
0.25	**0.8**	3.3333	−4.5351		−2.6455		−5.291	
0.2	**0.85**	2.381	−4.3935		−2.5629		−5.1256	
0.15	0.9	极值组						
0.1	0.95	极值组						
0.05	0.95	极值组						
0.35	0.65	0	7.8493		4.5788		2.0032	
0.1	0.9	极值组						
0.25	0.75	0	8.9285		4.8077		5.9524	
0.4	0.6	0	9.1575		5.3419		10.6838	
0.3	0.7	0	3.8265		3.2417		11.1607	
0.45	0.55	0	10.8225		6.3131		12.6262	
0.2	0.8	0	10.989		3.9161		12.8205	
0.15	0.85	0	16.7887		10.8774		19.5869	
0.05	0.9	极值组						
0.1	0.85	极值组						
0.15	**0.8**	2.381	−8.1699		−6.6991		−9.5316	
0.2	0.75	3.3333	4.2017	1.2605	3.1385	0.9416	8.3742	2.5123
0.25	**0.7**	5	−5.9524		−3.4722		−10.4167	

续表

γ	β	剩余可分配收益增长	正常发展		缓慢发展		快速发展	
			收益率增长	边际效用	收益率增长	边际效用	收益率增长	边际效用
0.05	0.85	极值组						
0.1	0.8	极值组						
0.3	0.65	0	26.455		14.245		30.8642	
0.15	**0.75**	6.6667	−18.2073		−10.7703		−21.2419	
0.05	0.8	极值组						
0.2	0.7	0	17.6222		8.8111		1.462	
0.35	0.6	0	25.7555		12.8778		49.1453	
0.1	0.75	极值组						
0.25	0.65	6.6667	23.8095	3.5714	11.9047	1.7857	27.7778	4.1666
0.15	**0.7**	8.3333	−11.4379		−7.0467		−13.3442	
0.05	0.75	极值组						
0.1	0.7	极值组						
0.2	0.65	0	14.881		6.9445		17.3611	
0.3	0.6	0	19.1326		8.9285		22.3214	
0.4	0.55	0	25.5102		11.9048		29.7619	
0.05	0.7	极值组						
0.15	0.65	8.3333	17.8756	2.1451	7.8206	0.9385	20.8549	2.5026
0.25	0.6	16.6667	26.6107	1.5966	11.6422	0.6985	31.0457	1.8627
0.1	0.65	极值组						
0.05	0.65	极值组						
0.2	0.6	0	28.1955		11.6099		28.1954	
0.35	0.55	0	41.2088		16.9684		41.2088	
0.15	**0.6**	50	−30.7046		−15.2363		−30.7046	

续表

γ	β	剩余可分配收益增长	正常发展		缓慢发展		快速发展	
			收益率增长	边际效用	收益率增长	边际效用	收益率增长	边际效用
0.1	0.6	极值组						
0.3	0.55	0	56.6893		20.8855		56.6894	
0.05	0.6	极值组						
0.25	0.55	50	78.9474	1.5789	25.2175	0.5044	78.9474	1.5789
0.2	*0.55*	100	26.7857	0.2679	5.4286	0.0543	26.7857	0.2679
0.15	*0.55*	100	23.6344	0.2363	3.9324	0.0393	23.6345	0.2363
0.1	0.55	极值组						
0.05	0.55	极值组						

　　剔除在任何一种发展状态下创始资金收益率的增加比例小于剩余可分配收益总额的增加比例的组合，以及极大极小组合值，最终得到黑体部分为剩余可分配收益的边际效益递增的 27 个组合。由此，结合表 7-7 计算结果，整理可得表 7-8。

表 7-8　分配比例比较结果

序号	γ	β	$\sum\limits_{i=n}^{t}\Delta'C_i$	正常发展		缓慢发展		快速发展	
				时间	收益率	时间	收益率	时间	收益率
1	0.45	0.7	25	7	16.8831	8	14.7727	5	17.6364
2	0.4	0.8	33.3333	7	15.0794	9	12.8395	5	15.1111
3	0.45	0.65	33.3333	7	22.2944	9	18.4512	5	25.2121
4	0.4	0.75	40	7	19.0476	9	15.9259	5	20.6667
5	0.35	0.8	50	7	18.1319	10	14.6923	5	19.3846
6	0.4	0.7	50	7	25	10	19.5	5	29

续表

序号	γ	β	$\sum_{i=n}^{t} \Delta'C_i$	正常发展		缓慢发展		快速发展	
				时间	收益率	时间	收益率	时间	收益率
7	0.3	0.85	57.1429	7	15.8892	10	13.1224	5	16.2449
8	0.35	0.75	60	7	23.6264	11	17.7622	5	27.0769
9	0.3	0.8	66.6667	7	25.1169	11	19.1818	6	29.3636
10	0.35	0.7	75	7	19.7479	11	14.8529	6	19.7059
11	0.3	0.75	80	7	27.551	12	19.4048	6	28.8095
12	**0.35**	**0.65**	**100**	**7**	**45.6044**	**12**	**29.9359**	**6**	**49.8718**
13	**0.25**	**0.75**	**100**	**7**	**33.9286**	**12**	**22.1154**	**6**	**40.7143**
14	**0.4**	**0.6**	**100**	**7**	**54.7619**	**12**	**35.2778**	**6**	**60.5556**
15	**0.3**	**0.7**	**100**	**7**	**37.7551**	**12**	**25.3571**	**6**	**51.875**
16	**0.45**	**0.55**	**100**	**7**	**65.5844**	**12**	**41.5909**	**6**	**73.1818**
17	**0.2**	**0.8**	**100**	**7**	**42.8571**	**12**	**26.9231**	**6**	**46.6667**
18	**0.15**	**0.85**	**100**	**7**	**31.8681**	**12**	**23.007**	**6**	**33.8462**
19	0.2	0.75	120	7	30.9524	13	21.3889	6	36.25
20	0.3	0.65	133.3333	7	54.7619	13	33.3333	6	60.5556
21	0.2	0.7	150	7	47.3214	14	27.9464	6	32.7778
22	0.35	0.6	150	7	73.0769	14	40.8242	6	81.9231
23	0.25	0.65	166.6667	7	62.6984	14	35.6349	6	69.8148
24	0.2	0.65	200	7	69.6429	15	37.1667	6	77.9167
25	0.3	0.6	200	7	88.7755	15	46.0952	6	100.2381
26	0.4	0.55	200	7	114.2857	15	58	6	130
27	0.15	0.65	233.3333	7	75.7703	16	38.1495	6	85.0654
28	0.25	0.6	250	7	102.381	16	49.7917	6	116.1111
29	0.2	0.6	300	7	114.2857	17	52.3529	7	112.8571
30	0.35	0.55	300	7	155.4945	17	69.3213	7	154.0659

续表

序号	γ	β	$\sum_{i=n}^{t} \Delta'C_i$	正常发展		缓慢发展		快速发展	
				时间	收益率	时间	收益率	时间	收益率
31	0.3	0.55	400	7	190.8163	19	76.0902	7	189.3878
32	0.25	0.55	500	7	221.4286	20	83.5	7	220

表 7-8 显示了 γ 和 β 不同取值组合下，技术创业团队实现绝对控股的时间和创始资本年平均收益率。明显地，γ 和 β 在满足 $\beta=1-\gamma$ 的条件时（$\gamma=0.45$，$\beta=0.55$；$\gamma=0.4$，$\beta=0.6$；$\gamma=0.35$，$\beta=0.65$；$\gamma=0.3$，$\beta=0.7$；$\gamma=0.25$，$\beta=0.75$；$\gamma=0.2$，$\beta=0.8$；$\gamma=0.15$，$\beta=0.85$），与第 1~11 组相比，创始资金年平均收益率较高，且剩余可分配收益的累计总额与技术创业团队获得控股权的时间处于较为合理的状态。可见，与第 1~11 组相比，$\beta=1-\gamma$ 条件下的组合处于较优状态，推论得到初步证实。

第 19 组资本收益率低于 $\beta=1-\gamma$ 条件下的组合，且所需剩余可分配收益总额高、时间长。第 20~32 组的收益率皆高于 $\beta=1-\gamma$ 条件下的组合，但所需的剩余可分配收益总额较高。因 $\beta=1-\gamma$ 条件下，技术创业团队实现股权逆转所需剩余可分配收益总额和时间都相同，那么选择收益率最低的组合 $\gamma=0.15$，$\beta=0.85$ 为基准，计算第 20~32 组剩余可分配收益增加所带来的边际效用。计算结果如表 7-9 所示。

表 7-9 边际效用比较

组别	γ	β	正常发展		缓慢发展		快速发展	
			时间	边际效用	时间	边际效用	时间	边际效用
19	**0.15**	**0.85**	**7**	—	**12**	—	**6**	—
20	0.3	0.65	7	0.7184	14	1.3465	6	2.3674
21	0.2	0.7	7	0.4849	14	0.4294	6	−0.0631

续表

组别	γ	β	正常发展		缓慢发展		快速发展	
			时间	边际效用	时间	边际效用	时间	边际效用
22	**0.35**	**0.6**	**7**	**1.2931**	**14**	**1.5489**	**6**	**2.8409**
23	0.25	0.65	7	0.9674	14	0.8233	6	1.5941
24	0.2	0.65	7	1.1853	15	0.6155	6	1.3021
25	**0.3**	**0.6**	**7**	**1.7857**	**15**	**1.0035**	**6**	**1.9616**
26	**0.4**	**0.55**	**7**	**2.5862**	**15**	**1.5210**	**6**	**2.8409**
27	0.15	0.65	7	1.3776	16	0.4936	6	1.1350
28	0.25	0.6	7	2.2126	16	0.7761	6	1.6204
29	0.2	0.6	7	2.5862	17	0.6378	7	1.1672
30	**0.35**	**0.55**	**7**	**3.8793**	**17**	**1.0065**	**7**	**1.7760**
31	0.3	0.55	7	4.9877	19	0.7691	7	1.5318
32	0.25	0.55	7	5.9483	20	0.6573	7	1.3750

由表7-9可知，除第22、25、26、30组外，其余组别表现出较 $\beta=1-\gamma$ 条件下最低收益的边际效用递减。而观察组合第22、25、26、30组，企业缓慢发展时，技术创业团队获得控制股权的时间较 $\beta=1-\gamma$ 条件下的期限长，甚至高达17年，意味着出资人承担的资金风险也相对增加。综合考虑技术创业团队获得控制股权的时间、剩余可分配收益的效用，$\beta=1-\gamma$ 条件下的组合对比第20~32组处于较优状态，推论再次得到证实。

综上，经过不同分配比例的组合对比证实了 $\beta=1-\gamma$（$0<\gamma<0.5$；$0.5<\beta<1$）为较优的收益分配比例。由此，结合第三章对技术创业型企业股权动态配置的理论研究，可得技术创业型企业依据资金资本与技术资本注册时的持股比例优先分配可分配收益（现金收益），以注册资本收益的倒挂比例即 $\beta=1-\gamma$ 分配剩余可分配收益。最终形成了"收益分配与持股比例分离量化、优先分配

与剩余分配比例倒挂"的股权动态分配模式。

第三节　股权动态变化演示

在可分配收益和剩余可分配收益分配比例确定的基础上，依据表5-9，以 γ=0.3，β=0.7 为代表演示技术创业型企业股权动态变化的趋势。由表7-9和式（5-15）可知，该分配比例下技术创业团队需创造的剩余可分配收益总额为 $\sum_{i=4}^{7} \Delta'C_i=C_0=100$ 万美元。

若技术创业型企业正常发展，则技术创业团队在第7年实现绝对控股。假设平均每年创造25万美元的剩余可分配收益，那么第4~7年可创造100万美元剩余可分配收益。由式（5-17）可得到技术创业型企业股权动态配置过程，如图7-1所示。

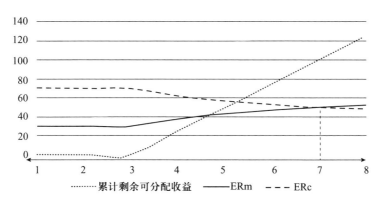

图7-1　技术创业型企业股权动态配置（正常发展速率）

若技术创业型企业缓慢发展，可分配收益以每年15%的速率增长，计算技术创业型企业不同年度产生的可分配收益和剩余可分配收益如表7-10所示。

表7-10　剩余可分配收益计算（可分配收益以每年 **15%** 速率增长）单位：万美元

年份	可分配收益	剩余可分配收益	年份	可分配收益	剩余可分配收益
1	0	0	8	20.11	10.11
2	0	0	9	23.13	13.13
3	10.00	0.00	10	26.60	16.60
4	11.50	1.50	11	30.59	20.59
5	13.23	3.23	12	35.17	25.17
6	15.21	5.21	累计总额	—	103.04
7	17.49	7.49			

由表 7-10 可知，第 12 年技术创业团队可累计创造 103.04 万美元的剩余可分配收益，大于 100 万美元，即第 12 年技术创业团队实现绝对控股。由式（5-15）和表 7-10 可得到技术创业型企业股权随剩余可分配收益积累的动态配置，如图 7-2 所示。

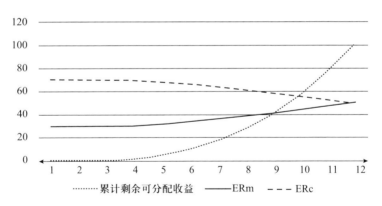

图 7-2　技术创业型企业股权动态配置（缓慢发展）

若技术创业型企业快速发展，可分配收益以 1 倍、2 倍、3 倍的倍率增长，计算技术创业型企业不同年度产生的可分配收益和剩余可分配收益如表 7-11 所示。

表 7–11 剩余可分配收益计算（可分配收益倍率增长）　　单位：万美元

年份	可分配收益	剩余可分配收益	年份	可分配收益	剩余可分配收益
1	0	0	4	20	10
2	0	0	5	60	50
3	10	0	6	240	230

由表 7–11 可知，第 6 年累计创造剩余可分配收益 230 万美元，大于 100 万美元，技术创业团队可实现绝对控股，由式（5–15）及表 7–11 数据，得到技术创业型企业快速发展下股权动态配置趋势，如图 7–3 所示。

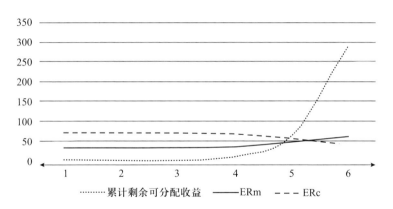

········累计剩余可分配收益 ────ERm － － － ERc

图 7–3 技术创业型企业股权动态配置（快速发展）

技术创业团队的持股比例随着累计剩余可分配收益而不断变化，且创始资金收益也随之增加，满足剩余可分配收益累计条件时技术创业团队实现控股。可见，基于夹层融资契约设计的技术创业型企业股权动态配置模型在保证出资人优先获得资本收益的同时，给予了技术创业团队通过创造剩余可分配收益，实现绝对控股的机会，能够实现资本与技术的双赢，以稳定技术创业团队、保证技术创业型企业持续发展。

第八章　股权动态配置模型的应用：
以创业平台为例

第一节　创业平台参与技术创业投资的必要性分析

原始出资人、技术创业团队无疑是技术创业型企业股权动态配置的相关主体，在技术创业型企业发展过程中，创业平台的协助能够很大程度上提高创业成功率。同时，创业平台参与技术创业是各个主体需求共同作用的结果。

一、技术创业型企业的资本规模化投入需求

不同于成熟企业具有较为稳定的盈利能力，能够保证企业经营活动的顺利进行，技术创业型企业在孵化期、中试阶段的市场认同过程中难以产出收益，且需要资金以顺利完成原创技术的孵化和市场推广，由此导致技术创业型企业在技术孵化商品认同阶段面临了较大的资金缺口。这一资金缺口的客观存在，导致许多技术创业型企业难以顺利度过孵化期和商品市场认同的发展初期，形成了创业企业的"死亡之谷"（见图 8-1）。技术创业型企业在孵化期的资金主要来源于创业者的自有资金或政府的各类资金扶持、优惠政策，

以及天使资金，且自身难以创收导致其经营现金流为负。当原创技术成功孵化为差异性产品，并进入开始被市场认同的发展初期，尽管技术创业型企业可能产出部分收益，但是市场营销和商品改进会消耗大量的资金，直接导致此时技术创业型企业的现金流曲线不升反降，又因自身技术产品需要市场检验，前景仍待观望，难以吸引外部资金的支持。直到商品被市场认可接受后，技术创业型企业创收能力提升，且产品前景明朗，能够吸引风险投资进入，经营现金流开始逐步回升。技术创业型企业在此过程中，形成了 A 点到 B 点间的下凹曲线，即为企业的"死亡之谷"。可见，技术创业型企业"死亡之谷"形成的主要原因在于孵化期和发展初期的资金缺口较大，若能为其提供充足的资金支持，便可有效降低"死亡之谷"的深度。

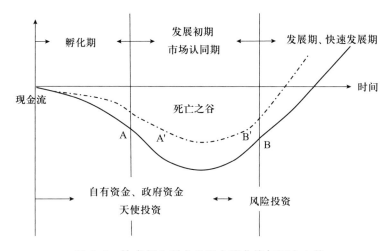

图 8-1　技术创业型企业现金流曲线与死亡之谷

若在孵化期和发展初期有充足资金支持，A 点将逐渐向下游延伸至 A' 点；若能够提前风险投资的介入时间，即投资临界点则可以由 B 点提前到 B' 点，则两者相互作用促使"死亡之谷"的宽度减小。要达到图 8-1 的效果，则需要前期投资充足和后期风险资本提早介入两方面的共同作用。而技术创业型企业前期投资主要来自自有资金、政府扶持资金和天使投资，自有资金多是技术创业团队自身的资金积累以及来自亲朋好友的资金支持，其数额是相当有限的。政府资金主要伴随各类税收和费用等减免政策，难以从根本上解决技术创业型企业的创始资金问题。那么，以民间资本为主的天使投资则成为提供技术创业型企业所需资金的主要渠道。然而，因信息不对称的客观存在，以及天使投资人专业技术辨别的知识欠缺，导致天使投资不愿在企业孵化期便投资进入，而多是在企业步入发展初期后先于一般风险投资进入。图 8-2 清楚地表明了我国现状与理想融资体系的差距。

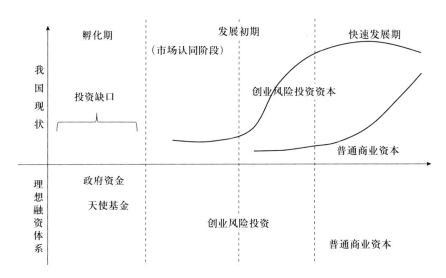

图 8-2　技术创业型企业融资现状与理想融资体系对比

技术创业型企业在孵化期存在投资缺口，难以从资本市场中获得长期有效的资本支持，这无疑增加了企业在孵化期的资金压力。结合图 8-2，技术创业型企业的 A 点难以向下游移动。同时，如图 8-2 所示，包括部分天使基金在内的创业风险投资的介入点处于市场认同阶段的后半段，且规模较小，也难以实现 B 点向 B' 点的移动。可见，目前我国技术创业型企业大多面临技术创业团队自有资金极其有限，政府资金多以税收等优惠政策形式介入的客观条件，那么，利用规模庞大的民间资本投入技术创业型企业的孵化期和市场认同期，则成为保证技术创业型企业具有充足资金支持、减小"死亡之谷"的重要资金选择渠道。因此，通过带有投资性质的创业平台获取资金支持，拼凑创业平台的各项资源，对技术创业型企业的发展是十分必要的。

二、民间资本升值的迷茫现状及其增值途径的创新需求

高净值人群是不可规避的投资群体。所谓高净值人群是指其持有的可投资资产已经达到 600 万元或 100 万美元，可投资资产中包括离岸资产，但不包括房地产以及奢侈品。《中国高净值阶层财富白皮书》2015 的统计数据表明，我国个人可投资资产总额能够达到 114 万亿元，2015 年全年高净值人群可投资总额达到了 37 万亿元。如此巨额的民间可用资本，其目前的投资途径和资本收益状况如何？根据《中国高净值阶层财富白皮书》的相关数据，位列投资选择前三位的分别是股票等证券投资、固定收益的理财产品、投资性房地产。可见，由于从众的投资心理驱使和随机的自主交易掌控等优点，高净值民间投资群体在资本升值途径上几乎都选择了频繁的证券交易、过度的不动产囤积，甚至投资于固定收益产品，投资于 VC 或 PE 的仅为 20%，甚至低于现金存款的选择。

那么，民间资本目前的投资选择途径究竟能够带来如何的资本增值？以投资性房地产为例，《2016 全国房地产投资回报率调查报告》显示，我国房地产投资回报率并不乐观。高档住宅的静态租赁与余额宝收益率持平，仅为 2.4%。普通住宅的长期租赁收益仅略高于 5 年以上贷款利率。三类中最高的写字楼 5 年后转售收益率也只比房地产信托收益率略高。数据统计说明，备受民间资本青睐的房地产投资仅能带来 1.5%~7.4% 的资本收益率。与此同时，我国股市则一直处于低位震荡的低迷状态，再加上房产税的呼之欲出、

证券市场的逐步规范，以"囤房炒股"为资本升值途径的过往繁荣很难再现。

综合上述分析可知，目前可供民间资本选择的投资渠道较少，且主要的证券房产投资仅能带来与信托相等的收益率，民间资本面临难以选择有效资本升值途径的迷茫状态。那么，适度调整投资结构、探寻新的资本升值途径已成为提高资本收益的客观需求。同时，国家提出"大众创业、万众创新"，并出台诸多优惠政策以鼓励激发技术创新成果持有者创建企业以实现自有技术的孵化转化，引导百万亿元民间资本支持技术创新创业以拓宽民间资本的升值渠道，投资于技术创业型企业逐渐纳入民间资本实现稳态升值的可选途径。但是，由于民间资本存在投资项目筛选能力不足、对未来发展前景估计欠缺等难题，导致其产生判断技术创业型企业投资价值服务的需求。此时，具有技术前景识别能力的创业平台就显得尤为重要，通过创业平台甄别可投资的技术创业型企业，将民间资本引入技术创业领域，可在创新民间资本投资结构的同时为技术创业型企业拓宽融资渠道。

三、资本与原创技术对接难对创新创业平台的迫切需求

吸引民间资本规模化参与技术创业型企业创始资金融资，拓宽技术创业型企业的融资途径，成为技术创业型企业实现原创技术转化，并顺利度过"死亡之谷"的关键途径。而投入技术创业型企业，拓宽投资渠道、获取高额资本收益，也成为民间资本升值的重要选择之一。

一方面，由于严重欠缺对原创技术的专业知识储备，民间资本持有者无法辨别原创技术的投资价值和发展前景，容易在投资初始产生项目选择失误带来资本损失。另一方面，民间资本不具备专业辨识能力也会增加双方的信息不对称程度，加深在原创技术漫长的孵化转化和市场认同阶段的沟通

障碍，民间资本容易产生对原创技术能否成功孵化、差异性产品市场竞争力的信任恐慌，加之与技术创业团队因专业知识欠缺而产生的沟通不畅，容易引发不必要的争执，影响技术创业型企业的发展。而技术创业型企业需经过没有利润产出的孵化期、少有利润的发展初期，这一发展特点导致其难以通过传统的股权融资或债权融资方式实现创始资金融资，而需要结合其发展特点进行融资契约的创新设计。但是，技术创业团队几乎都由擅长相关技术研发的人员组成，少有精通资金融通和企业管理的专业人员，无法实现融资契约的合理设计，造成即使原创技术具有很好的发展前景也难获得资金支持的窘境。

可见，民间资本与技术创业团队的自由对接是不现实的，需要具备原创技术相关领域专业知识以及资本融通和公司治理的专业人员促成两者的对接。我国已储备了充足的高学历技术人员，能够为技术创业团队进行原创技术孵化转化时提供技术人力支持。同时，我国目前也有数十万亲历了三十年市场经济改革与产业结构调整、精力充沛又即将退休或退居二线的阅历型技术与经济型人才，具备对原创技术相关领域的资深了解，能够对原创技术的发展前景和投资价值给予公平、准确、客观的综合评价，也可根据技术创业型企业不同的发展状况合理调整融资契约，以最大限度地规避资金风险、保证资本收益。那么，民间资本、原创技术、高学历技术人员、阅历型技术与经济型人才需要一个具备扁平化信息传递系统以最大化降低信息不对称程度的平台，即需要创业平台的参与，以提供高密度的全球化交流以协助相关人员的技术孵化，形成彼此之间的有机联系，达到解决民间资本与原创技术团队对接难的目的。

第二节 创业平台参与技术创业的运营模式

一、创业平台与企业孵化器运营理念的本质差异

随着经济发展、科技进步，科学技术成果转化的需要日益突出，我国在20世纪80年代便出现了企业孵化器，以处于创业初期的科技型中小企业为服务对象，为其提供工作空间、公共基础设施和相关服务支持，达到降低创业成本和创业风险、提高创业成功率的目的，促进我国科学技术成果转化。然而，正值我国"大众创业、万众创新"如火如荼进行时，作为以技术创业型企业为主要服务对象的企业孵化器，却在2016年发生部分倒闭出局的困境，其运作效率令人担忧，对技术创业型企业的孵化能力也遭到质疑。在创业浪潮持续红火，而一批创业企业孵化器面临倒闭的矛盾状况下，本书提出构建本质不同于传统企业孵化器的创业保障平台，在促成民间资本与技术创业顺利对接的同时，为技术创业型企业提供专业服务，形成以技术创业型企业规模化发展保证创业平台顺利运营的互动关系，达到提高原创技术创业成功率、满足民间资本高额收益的双赢。创业保障平台的设计理念与企业孵化器的本质差异表现在以下四个方面：

第一，企业孵化器倾向于公益性服务机构，创业保障平台追求利润最大化的商业性质。虽然存在部分商业性质的企业孵化器，但我国依然多存在政府号召或资金推动的企业孵化器，这些企业孵化器仍属于社会公益性质的服务机构，导致其核心价值并非收益获取，收益主要来源于各项服务费用，盈利模式与创业企业成功率及企业发展状态联系较弱，难以有动力积极参与解

决创业企业成长过程中的各类问题。创业平台是以出资人的身份参与技术创业型企业的创立和发展，以获取投资收益为主要利润来源，且其商业化性质决定了创新创业平台对高额利润的追逐。将平台利润与技术创业型企业发展状态相联系的收益模式，能够有效促进创业平台对技术创业型企业培育的积极性，提高技术创业型企业的成功概率。

第二，企业孵化器以场地提供为主，创业平台以资金支持为首。《2016年中国孵化器市场发展概况》的统计显示，创业者期望得到的服务类型如图 8-3 所示，创业者最期望得到的服务是融资辅助，之后为市场营销辅导，这与创业企业最薄弱的孵化阶段的创始资金需求和市场认同阶段的市场营销需求相对应。

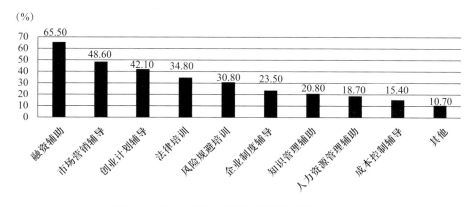

图 8-3　2016 年创业者期望得到的服务支持分布

然而，对我国企业孵化器提供的服务支持分布统计如图 8-4 所示，居第一位的仍为场地提供，而创业者迫切需要的资金支持和营销支持，仅列第五和第六位，在调查样本中分别有 33.20% 和 30.50% 的企业孵化器提供此类服务。可见，尽管经过几十年的发展，我国的企业孵化器仍为提供场地和公共设施为主，以场地出租和培训咨询费用为主要收益来源，甚至多数企业孵化器要求创业企业带资金入驻，并没有从根本上解决创业企业最为迫切的资金需求。

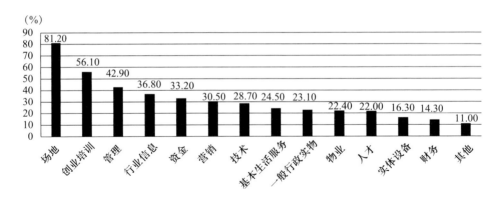

图8-4 2016年我国企业孵化器提供的服务支持分布

因此，区别于企业孵化器以公共设施和场地提供为主，创业平台应从创业者的迫切需求出发，以创始资金提供为主，根据原创技术的孵化转化情况适时给予资金补充，并针对市场认同阶段的市场影响需求，发展过程中的财务、法律、人力资源管理和咨询需要提供相应的服务，真正做到满足创始资金需求的同时，集合高学历技术人员、阅历型技术与经济型人才针对技术创业型企业不同发展阶段的各类需求提供专业支持，保障企业的顺利成长。

第三，企业孵化器存在与创投的竞合关系，创业平台则为自有资金的投入行为。部分企业孵化器给予技术创业型企业资金支持多来源于与孵化器形成合作关系的投资机构或政府的资金支持。然而，企业孵化器和创业投资机构间的合作关系会随着创业投资的扩大而逐渐演变为一种复杂的竞争合作关系，这种竞合关系能否适当处理将直接影响创业企业的发展状态。我国企业孵化器极少有自有资金的投入，与创投合作解决创业企业资金需求的合作形式被逐渐采用。但是，随着创业企业步入大资金小风险的发展阶段，因创投对创业企业投入资金的扩大而引发其与企业孵化器在知识共享、利益分配等方面的竞争关系，确实是创业企业顺利市场化的隐患之一。自有资金投入是创业平台的主要特点，直接由创业平台组织专业人员进行经营管理、咨询培训等服务支持，而且创业平台的资本增值和专业人员的利益收益与技术创业型企业的当期盈利能力和未来发展潜力紧密相关，避免了外部资金投入引发的利益纠纷影响技术创业型企业发展，也减少了不同机构合作导致竞合关系的客观存在对技术创业型企业产生不利影响。

第四，企业孵化器是多领域统一公开入孵标准，创业平台为特定领域对比选拔较优。企业孵化器多从项目潜力、创新能力、市场潜力、技术水平等方面对入孵企业进行评价，达到公开设定的统一标准后即可入驻，享受孵化器的多种优惠服务。此类创业企业选择标准，导致企业孵化器中的项目繁杂多样且良莠不齐，难以针对不同行业的发展现状对企业进行指导。可以说目前我国企业孵化器是统一标准通过即可，欠缺有效的筛选机制。而创业平台首先将项目聚焦于某一特定领域，避免了跨行业难管理、难指导的问题，而且相关技术聚集孵化容易形成技术的协同效用，利于彼此间解决技术孵化中出现的新问题，以保证技术创业型企业顺利实现原创技术孵化转化。其次创业平台设定相同领域原创技术的选拔机制，即从合格技术中选择较优技术进行投资孵化，从项目选择源头上提高技术孵化成功率。

综合上述分析，本章提出的创业平台设计理念与企业孵化器存在本质差别，从盈利模式、首要服务、投资方式、选拔机制等方面做了彻底的设计理念改变，以期在创业保障平台运营中避免企业孵化器因上述运作机制设计缺陷而导致技术创业型企业成功概率低的问题，以保证股权动态配置的顺利实现。

二、创业平台参与技术创业的多案例比较

由于资本规模化投入技术创业型企业平台运营模式的研究基础尚不完善，难以使用统计描述或者调查问卷进行研究，且创业平台运营是一个十分复杂的系统工程，更难以运用基于数据统计的实证研究方法。因此针对此类问题

建议进行多案例的对比研究归纳。

（一）案例选择、数据来源及分析策略

1. 案例选择

本章在案例选择时遵循了两阶段案例筛选程序，即第一阶段搜集备选案例，对案例的总体特征、量化资料等方面进行评估，第二阶段结合研究的重点和深度，确定最终的研究案例。案例选择主要遵循以下几方面原则：第一，案例与民间资本投入技术创业领域的资本运营模式紧密相关，且是被国内外公认的成功案例；第二，能够获得详细的案例资料，尤其是关于运营模式的详细介绍和描述，以便于后期编码分析；第三，为保证案例选择兼顾广泛性和代表性，选取案例既包括国外案例也包括国内案例，同时涉及创业园区技术创业、高校技术创业，民营商业孵化器等多方面。基于此，本章选择了 Y Combinator（国外创业园区）、概念证明中心 POCCS（国外高校技术创业）、创新工场（国内民营商业孵化器）三个案例进行深入分析。

2. 数据来源

本章选择文献等二手资料为数据来源。为保证数据的可靠性，大量全面的阅读资料，保证能够清晰准确地理解运营模式的相关概念，培养资料真伪的鉴别能力。本章数据主要来源于通过中国知网对 CSSCI 来源期刊相关关键字进行检索所筛选的论文，首选国家自然科学基金委管理科学部认定的 30 种重要刊物中刊登的权威论文，其次通过中国经济信息期刊文献总库、中国重要报纸全文数据库、中国经济信息网数据库等联机数据库进行相关检索，以及四大门户网站、人民网、新华网等相关报道对其数据进行三角验证。

3. 数据分析策略

十分丰富和多样化的数据使案例分析异常复杂，为保证案例分析的高质量科学性，本章严格按照以下策略对案例资料进行编码：第一，选择手工编码，并成立编码小组。编码小组成员提前对研究的相关概念进行学习和讨论，保证具有专业知识水平。在开放性编码过程中，小组成员独立进行案例标签化，但是概念化和范畴化由小组成员共同完成。每一个概念化、范畴化的确定需达到小组成员意见一致。第二，建立备忘录。为每一个案例建立一个文档备忘录，以明确此案例概念化、范畴化修改过程。第三，坚持持续比较分析。本章选择了多个案例进行比较分析，形成初步范畴化的案例对后续案例分析进行指导，而后续案例分析中出现的新问题或新发现，需回归已分析案例进一步研究、对比、补充，不断地修正案例概念化和范畴化。

（二）案例分析

本章选择了 Y Combinator、创新工场、概念证明中心 POCCS、三个案例进行对比分析。通过贴标签→概念化→范畴化的编码过程剖析不同案例的运营模式。

1. Y Combinator

Y Combinator 是美国最为著名的创业企业孵化器之一，致力于为创业企业提供创业过程中的各类指导和帮助。Y Combinator 成立于 2005 年，截止到 2012 年 7 月，已经成功孵化了 380 家创业公司，累计获得的投资总额已经超过 10 亿美元，而这些创业企业的市场估值可达 100 亿美元。Y Combinator 的编码过程如表 8-1 所示。

表 8-1　Y Combinator 开放式编码

案例资料	定义现象	概念化	范畴化
为满足美国硅谷特殊环境下创业企业的需求，在服务于创业企业发展的同时，也注重自身在该环境下的发展，是 Y Combinator 孵化集团能够高效产出有行业竞争力创业企业的关键，该集团在"十大美国创业孵化器与加速器"中排名第一。每年孵化两批创业公司，被称为创造公司的公司（a1）	a1 以硅谷创业企业为服务对象	A1 创业企业（a1）	AA1 客户定位（A1）

续表

案例资料	定义现象	概念化	范畴化
Y Combinator 不仅关注创业企业的盈利状况，也注重自身的收益情况，不同于一般服务性质的企业孵化器，Y Combinator 是以收益产出为前提的（a2）。Y Combinator 商业模式的主要组成部分是与五大资源生产创业项目和公司保持合作的伙伴关系（a3）。Y Combinator 是具有自有资金引导性质的投资模式，Y Combinator 会利用自有资金率先投入创业企业，进而达到吸引风险投资或其他投资机构的资本投入（a4）的目的	a2 以利益驱动为前提 a3 与五大资源生产创业项目与公司建立伙伴关系 a4 自有资金注入吸引银行和其他基金投入	A2 以获取利益为目标（a2） A3 建立伙伴关系（a3） A4 资金来源–银行和基金（a4）	AA2 运营目标（A2） AA3 合作网络（A3） AA4 重要业务流程（A4）
Y Combinator 除了自有资金支持，还十分重视创业企业的管理问题。Y Combinator 自主拥有高专业技能和经验丰富的管理团队，能够及时为创业企业设计发展战略、提出品牌创造对策、构建高效率的公司治理结构（a5）	a5 专业管理团队提供公司治理的专业支持	A5 企业管理服务（a5）	AA5 关键业务（A5）
每年有两次以校友为主的基础培训（a6）。Y Combinator 已经建立起较具规模的校友网络，此网络内部的相互促进和不断扩展，形成了比例联系的持久、延伸的关系网络。（a7）。校友网络中的相关人员和企业可以优先对创业企业进行天使投资或风险投资（a8）	a6 校友开展培训 a7 拓展校友网络，维持良好的校友关系 a8 校友参加项目投资	A6 创业基础培训（a6） A7 拓展校友网络（a7） A8 资金来源–校友（a8）	AA6 服务能力（A6） AA3 合作网络（A7） AA4 重要业务流程（A8）
Y Combinator 以合作的大公司需求为目标辅导创业企业对相关产品进行研发和生产，以得到能够满足行业需求、吸引资本市场投资的产品（a9）。在产品初见雏形的时候，通过 Y Combinator 主持的产品展示日，将这些产品向各种大公司或资本持有者进行展示，以得到进一步研发和完善的资金支持，或直接实现大公司对该产品的技术收购（a10）。除产品展示日外，Y Combinator 还会根据资本投入性质不同和技术形态的不同，组织有针对性的各种资本和技术的对接活动（a9），以达到吸引资本投入，实现企业并购的目的（a10）	a9 以大公司需求辅导创新创业团队 a10 项目展示活动出售项目或投资机会	A9 企业创立以市场需求为导向（a9） A10 项目销售（a10）	AA7 创业企业市场定位（A9） AA4 重要业务流程（A10）

续表

案例资料	定义现象	概念化	范畴化
除外部的各类展示活动外，Y Combinator 内部还会举行工作日会谈和"红杉资本对接日"。此类活动主要是创业者对 Y Combinator 内部决策人员进行公司进度汇报，之后内部投资人会从参与汇报的创业企业中选拔出部分企业进行投资（a11）。项目展示日活动为近 500 位资本或技术市场投资者提供所有创业公司的发展状况；红杉资本对接日可以实现红杉资本合伙人与创业者进行 30 分钟的交流，使投资人清晰了解企业发展状况，并对其给予发展意见或资本投资（a12）	a11 YC 内部投资人选拔项目 a12 工作日会谈和原型展示日	A11 项目选拔（a11） A12 成果交流展示（a12）	AA4 重要业务流程（A11） AA8 价值实现渠道（A12）
尽管投资创业企业面临较大的风险，然而 Y Combinator 因其具有的品牌影响力，其选择孵育的创业企业或项目总会吸引到投资者（a13）	a13 YC 品牌吸引投资者	A13 品牌影响力（a13）	AA9 价值传递（A13）
Y Combinator 除为创业企业提供最高 2 万美元的种子资金、15 万美元的可转换债券投资外，创业企业还可以通过项目评审以扩大获得的种子资金投资额度，如果项目评审过程中有 n 个投资者愿意投资 5000 美元，那么创业企业可获得 5000+5000n 美元的投资（a14）。创业企业还可以获得为期 3 个月的培训（a15）	a14 提供种子资金和其他资金 a15 为创业者提供培训	A14 种子资金支持（a14） A15 培训支持（a15）	AA10 核心资源（A14） AA6 服务能力（A15）
Y Combinator 收益来源于入孵项目 2%~10% 的股份以退出获利（a16）	a16 股份退出获利	A16 收益来源（a16）	AA11 收益（A16）
Y Combinator 会为创业企业提供与不同社区和团队的接触机会，如谷歌团队。创业者可以与这些社区的管理人员进行交流，针对创业过程中的困难提出建议（a17）	a17 不断增长的社区机制	A17 团队交流（a17）	AA8 价值实现渠道（A17）
Y Combinator 平均每个月都会举办不同主题的迷你会议，目的在于增加创业企业与市场的接触，更好地了解市场需求，并为技术产品出售和企业并购提供契机。Y Combinator 每年会举办两次路演，来自全球的投资者积极参加，选择自己需要的技术产品或并购企业（a18）	a18 迷你会议频繁举行，一年两次路演，实现投融资与资金回收	A18 项目展示与推销（a18）	AA4 重要业务流程（A18）

续表

案例资料	定义现象	概念化	范畴化
Y Combinator 的真正成功是把它自己变成了一个超级初创企业的共同品牌，公司的高估值、品牌效应是它们最大的增值点（a19）。企业从 Y Combinator 出来意味着含着金汤匙，意味着顺利的融资（a20）	a19 品牌创造高估值 a20 品牌使融资顺利	A19 品牌价值增值（a19） A13 品牌影响力（a20）	AA12 创收逻辑（A19） AA9 价值传递（A13）
Y Combinator 基于校友网络的导师指导为创业企业提供了珍贵的发展引导，创业者与导师和校友针对企业发展中出现的诸多问题进行讨论和分析，为其提供顾问咨询（a21）	a21 导师指导，校友交流	A20 顾问咨询（a21）	AA6 服务能力（A20）

由表 8-1 中 Y Combinator 概念化和范畴化的分析归纳得到 Y Combinator 的商业运营模式，如图 8-5 所示。

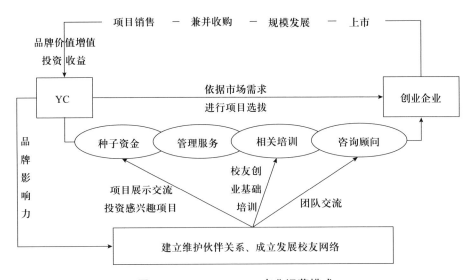

图 8-5　Y Combinator 商业运营模式

Y Combinator 以市场技术需求为标准进行孵化技术项目的选拔，进而形成项目组或创业企业。并为创业企业提供种子资金、管理服务、相关培训、咨询顾问等服务。对于创业企业最为重要的是资金问题，Y Combinator 除自身进行种子资金投资外，还开展各项技术展示活动，为创业企业融资。同时，Y Combinator 的品牌影响力容易形成合作伙伴关系，并易于和高校发展校友网络，也为创业企业提供了融资渠道和交流机会。不同于国内几乎以收取服务费或管理费为主的孵化器，Y Combinator 以投资收益为主要收入来源，并以创业企业的成功孵化不断在增值其品牌价值。一方面，Y Combinator 可为创业企业提供项目销售、兼并收购等机会，实现技术产业化；另一方面 Y Combinator 也会协助创业企业实现规模化发展或上市，以获取高额的股权回报。

2．创新工场

创新工场是李开复博士于 2009 年 9 月创办的，将服务目标集中于对创业企业早期的资本投资，而且匹配较全面的企业管理和创业培训，本质属于一种类似于投资机构的创业平台。创新工场期望培养创新人才，实现高技术企业的蓬勃发展。从创立到 2011 年 7 月，创新工场已经对 39 个孵化项目投资 2.5 亿元。创新工场不仅以自有资金投入，而且注重为创业企业吸引外部投资，截至 2016 年 9 月，创新工场为创业企业筹集的资金已经达到 45 亿元。创新工场的编码过程如表 8–2 所示。

表 8–2　创新工场开放式编码

案例资料	定义现象	概念化	范畴化
创新工场董事长李开复强调，创新工场从创立以来一直是投资＋全方位服务模式，是一种新的天使投资和创新产品的整合（a22）	a22 投资和全方位服务	A21 资金和创业服务（a22）	AA13 业务定位（A21）
创新工场针对创业人员自身的阅历、专长和需求设计出"因人而异"的孵化计划，总体来说有三个类别：助跑计划、加速计划、创业家计划（a23）	a23 因人而异的孵化计划	A22 策略阶段化（a23）	AA14 价值布局（A22）

续表

案例资料	定义现象	概念化	范畴化
创新工场提供创办公场所：中国最好的技术创新生态园区（a24）	a24 提供创新办公场所	A23 基础设施（a24）	AA5 关键业务（A23）
创新工场主要为创业企业提供以下三个方面的团队建设支持：为创业企业提供公司注册程序咨询、相关法律咨询；创业企业工作人员招聘，包括组织校园应届生招聘会，举行面试进行应聘人员筛选；提供市场、公关服务（a25）	a25 团队建设、管理支持、市场公关	A24 各类管理支持（a25）	AA5 关键业务（A24）
创新工场每周会举行两次讲座，主要是针对在孵创业企业在产品研发、产品体验、市场营销等方面遇到的问题，邀请相应的内部专家或外部嘉宾，和创业者进行交流，以解决创业过程中从产品到生活所面临的诸多问题（a26）	a26 讲座和投资咨询	A25 讲座咨询（a26）	AA6 服务能力（A25）
创新工场的成员大多拥有来自国内外大型高科技企业的背景，对科技的把握和展望有更深的领悟，因此从产业分析、趋势把握的角度来做投资具有较强的优势（a27）	a27 专业人员把握投资选择	A26 专业项目选择（a27）	AA4 重要业务流程（A26）
专注于成为企业的第一轮投资者（a28）	a28 成为第一轮投资	A27 创立期投资（a28）	AA4 重要业务流程（A27）
作为回报，创新工场拥有公司一定的股份，一般为30%～40%的股份。当孵化成熟的创业计划进入A轮融资后，就会由第三方风投主投，这时如果创新工场选择卖出股份，就会取得盈利（a29）。如创新工场继续跟投，进入B轮融资，企业估值越来越高，创新工场也会得到更丰厚的盈利（a30）	a29 股权出售盈利 a30 持续投资获利	A16 收益来源（a29） A28 跟进投资（a30）	AA11收益（A16） AA12 创收逻辑（A28）
创始者李开复将创新工场选择项目或企业孵化聚焦于自身熟悉的领域，如与互联网相关的产业方向：移动互联网、电子商务、消费互联网、云计算等（a31）	a31 互联网及其衍生行业	A29 熟悉的投资领域（a31）	AA15 目标客户（A29）

续表

案例资料	定义现象	概念化	范畴化
除早期资金投资外，创新工场还对在孵的创业企业提供如下关键服务：创业企业商业模式设计（a32）；创业企业品牌形象树立策略，技术产品的市场开拓策略和营销模式选择（a33）；技术改进方向建议和咨询（a34）；相关行业的企业合作和资源整合（a35）	a32 创业团队梳理商业模式 a33 产品营销策略指导 a34 产品技术建议 a35 行业资源整合与合作	A30 企业商业模式构建（a32） A31 营销建议（a33） A32 技术协助（a34） A33 行业资源整合运用（a35）	AA5 关键业务（A30） AA5 关键业务（A31） AA5 关键业务（A32） AA16 战略资源整合（A33）
在创新工场虽然每一个创业团队都在做自身独立的企业或项目，但是所研发和孵化的都属于互联网或其相近领域衍生领域的项目。这就使创新工场孵化的诸多企业容易互为资源以形成上下游的产业链，最大化的形成资源溢出和知识共享，最后集群成相关产业的生态圈（a36）	a36 项目集中于同一熟悉领域，互为资源	A34 技术协同效用（a36）	AA16 战略资源整合（A34）
创新工场导师和创业团队的嵌入式合作，即导师每天工作于在孵企业中，为其提供诸如商业模式的建议，产品市场的推广，行业竞争现状的分析等服务（a37）	a37 全职导师嵌入式合作	A35 全职导师创业辅导（a37）	AA6 服务能力（A35）
创新工场将内部管理人员、服务人员的回报与投资人的资本收益直接联系起来，而两者都与创业企业的发展紧密相关，这样有效地激励了内部工作人员为创业企业服务的能力发挥（a38）	a38 管理人员收入与投资人回报挂钩	A36 管理人员收入与项目收益相关（a38）	AA17 业务系统（A36）
创业者慕名来到创新工场，其初衷并不局限于对自有技术或产品的成功孵化为有较强竞争力的产品，而是追求市场对自身产品价值的认可，并能够为投资者带来可观的资本收益，达到自我价值实现和资金资本增值的双赢（a39）	a39 慕名而来，培养商品投资价值	A13 品牌影响力（a39）	AA9 价值传递（A13）

续表

案例资料	定义现象	概念化	范畴化
创新工场实际上坚持了对创业企业的天使投资，那么创业企业的孵化成功率决定了创新工场的收益情况和运营状态，因此创新工场设立了更为全面和成熟的项目筛选系统（a40），以确保对入孵企业筛选的准确性，提高创新工场对创业企业的培育成功率，顺利实现与创新工场的剥离，成为能够独立发展或有收购价值的企业	a40 成熟的筛选体系	A37 项目筛选（a40）	AA4 重要业务流程（A37）
创新工场注重不同渠道的信息收集，尤其是创业者提交的各种创新创意。即使目前有些创意不能够实现而没有被创新工场选中，但是也会对其进行详细的记录。在相近领域孵化过程中为其寻找可利用的良好契机。如此形成的资源收集体，有效提高了创新工场的信息资源整合能力（a41）	a41 创业资源收集整合利用	A38 创业资源积累（a41）	AA16 战略资源整合（A38）

不同于 Y Combinator 以市场技术需求为导向进行项目筛选，我国的创新工场主要以创始者较为熟悉的信息产业为主，尤其集中于移动互联网、消费互联网、电子商务和云计算等领域。该项目筛选原则，很好地规避了因专业知识欠缺以及信息不对称带来的或然性资金风险。而且相近领域的技术孵化，能够很好地起到技术整合后的协同效用，能够实现技术孵化瓶颈中的技术协助服务，以提高原创技术产业化的成果概率，也是从另一个方面降低了资金风险。与 Y Combinator 相同，创新工场也会对孵化对象提供管理、营销等服务，以及相关的讲座和咨询交流。同样地，创新工场的收益来源于对孵化项目的投资收益。创新工场的商业运营模式如图 8-6 所示。

3．概念证明中心（POCCS）

弗农·艾勒斯于 1998 年提出，美国联邦政府资助的基础研究与企业需要的成熟技术或产品开发之间存在较大的距离，称其为"死亡之谷"。与之相对应的是，诸多大学科研成果都与市场化的产品之间存在差距，由此美国成立了概念证明中心，以期解决上述差距，弥补目前从科研成果到市场化技术或产品之间的空白。概念证明中心经过几十年的发展，已经在实现大学科研成果市场化转化方面取得了较好的成果。美国商务部发表的《创建创新与创业型大学 2013》中明确指出，概念证明中心已经成为高校技术转化的领先机构。概念证明中心的开放式编码过程如表 8-3 所示。

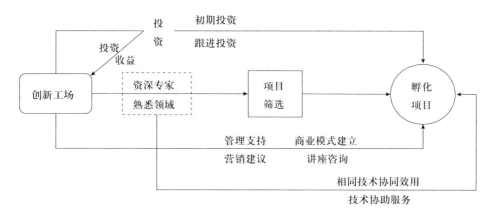

图 8-6　创新工场商业运营模式

表 8-3　概念证明中心的编码

案例资料	定义现象	概念化	范畴化
概念证明中心成立的目的在于缓解大学科研成果与市场所需技术和产品间的差距，推动高校科研成果的孵化转化，实现转化效率的提高（a42）	a42 解决大学成果与企业差异冲突	A39 大学成果转化（a42）	AA1 客户定位（A39）
POCCS 为高校研究成果的早期孵化提供资金，以解决其难以获得外部资金支持的困难（a43）	a43 基于研究成果孵化早期资金支持	A40 早期资金支持（a43）	AA10 核心资源（A40）

续表

案例资料	定义现象	概念化	范畴化
POCCS 为大学科研成果转化提供市场顾问（a44）与培训（a45）	a44 市场顾问 a45 市场能力培训	A20 顾问咨询（a44） A41 市场培训（a45）	AA6 服务能力（A20） AA6 服务能力（A41）
POCCS 培育和促进创业文化（a46）	a46 培育和促进创业文化	A42 创业企业文化构建（a46）	AA5 关键业务（A42）
POCCS 进行创业教育（a47）	a47 创业教育	A43 创业能力培训（a47）	AA6 服务能力（A43）
POCCS 的运行集中在科技成果转化办公室，科研成果通过科技成果转化办公室实现转化并投入市场，科技成果转化办公室通过成果的市场化收益维持正常运营（a48）	a48 成果市场化后反哺科技成功转化办公室	A44 成果市场化收益（a48）	AA11 收益（A44）
POCCS 允许受资助的教师和学生在大学实验室开展研发活动（a49）	a49 受资助教师可运用学校实验室	A45 实验室合作（a49）	AA3 合作网络（A45）
POCCS 首先会对提交转化申请的项目进行评估，能够进行孵化的项目 POCCS 会为其提供资金支持，并寻找风险投资等其他融资渠道（a50）	a50 评估成果商业价值，提供融资渠道	A46 依据投资价值，提供融资渠道（a50）	AA4 重要业务流程（A46）
POCCS 为科技成果商业化提供拨款项目（a51）	a51 提供科技成果商业化拨款	A47 资金支持（a51）	AA10 核心资源（A47）
POCCS 中较为著名的德什潘德科技创新中心，创立了点火拨款和创新拨款，为不同阶段的成果孵化提供资金。点火拨款主要用于支持那些能够用于探究实验和概念证明的新计划，如果科研成果在点火拨款的支持下展现出良好的市场化能力，则可以继续申请创新拨款以技术孵化转化（a52）	a52 点火拨款和创新拨款	A48 投资阶段化（a52）	AA14 价值布局（A48）

续表

案例资料	定义现象	概念化	范畴化
德什潘德科技创新中心联系学术界的知名人士帮助解决科研成果转化过程中的技术难题，联系商业界的知名人士为成果持有人的技术研发提供商业化咨询，明确市场需求（a53）	a53 志愿咨询导师	A49 咨询指导（a53）	AA6 服务能力（A49）
德什潘德科技创新中心会定期举办小型交流活动，主要包括开放屋、催化剂会议，及时为成果转化项目提供咨询（a54）。还会每年举行一次大规模的理念流通活动，主要面向风险投资机构、其他研究者、大企业，展示中心的孵化成果（a55）	a54 开放屋和催化剂会议 a55 理念流通进行项目展示	A50 创业交流（a54） A51 项目展示（a55）	AA8 价值实现渠道（A50） AA4 重要业务流程（A51）
德什潘德科技创新中心与学校的工程学院和创业中心（MIT Entrepreneurship Center）通力合作。创新队伍项目向校内所有研究生开放（a56）	a56 与高校长期合作	A52 高校合作（a56）	AA3 合作网络（A52）
POCCS 的资金来源渠道多元化，突破了学校资金输入这一单一渠道，而是结合了包括政府投入、联邦投入、私人资本等（a57）	a57 多样化的资金来源	A53 多渠道资金来源（a57）	AA4 重要业务流程（A53）
POCCS 主要解决美国大学技术商业化过程中遇到的四个重要问题：资金与资源、技能（a58）、信息不对称和管理激励等（a59）	a58 解决技术商业化的技能难题 a59 解决技术商业化的管理难题	A54 管理服务（a58） A55 技能协助（a59）	AA5 关键业务（A54） AA5 关键业务（A55）

　　概念证明中心不同于 Y Combinator 和创新工场属于完全商业化的企业孵化行为，而是带有一定政府扶持性质的大学科研成果转化园区。但是，概念证明中心并没有遵循服务性机构一味地资金投入而不求收益的服务特点，其自身形成了原创技术市场化后的收益支持概念证明中心运作的良性循环，如

图 8-7 所示。概念证明中心也选择了引进私人资金进行投资，并运用科学的项目筛选、丰富的合作交流、专业的管理人员，对原创技术孵化提供技能协助、管理服务、资讯指导等多方面服务，保证原创技术成功产业化，提高私人投资者的资本收益。概念证明中心的运作模式，对我国高校吸引民间资本投资研发成果转化具有重要的借鉴价值。

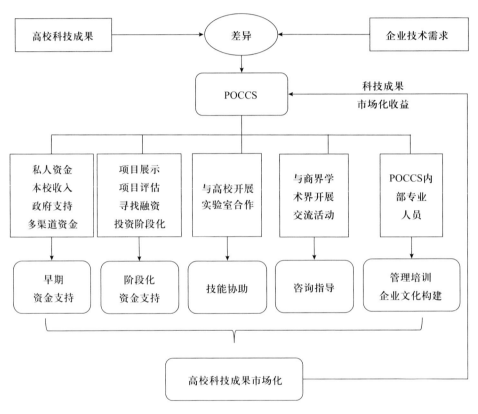

图 8-7　概念证明中心运作模式

三、创业平台的运营模式

不论是技术孵化过程中的诸多或然性风险，技术创业团队因缺乏经营管理能力引发的经营管理风险，还是技术创业型企业发展初期规模较小难以抵挡经济波动而带来的企业经营风险，都从不同方面增加了企业创立初期的创始资金融资约束。而创立初期的创始资金融资和发展初期的产品营销管理又是技术创业型企业能否实现规模化发展的关键。因此，本章借鉴 Y Combinator、创新工场、概念证明中心三个成功案例的运营模式，从价值定位、价值主张、价值创造、资源整合、价值实现五个方面，设计能够有效缓解资金风险、满足技术创业型企业资金和需求的创业平台商业运营模式，如图 8-8 所示。

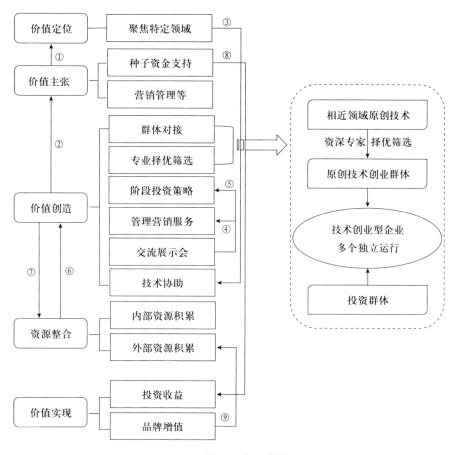

图 8-8 创业平台运营模式

价值定位。创业平台将价值定位于自身熟悉的且具备相关专业知识的领域，以缓解因不同领域间技术专业差异或专业知识欠缺，难以准确判定原创技术发展前景而带来的资金风险。

价值主张。创业平台的价值主张包括为筛选出的技术创业型企业提供必需的资金支持、营销管理以及全方位的其他服务，以有效提高原创技术市场化成功率。提供资金支持和营销管理服务为主的价值主张，不仅直接解决了制约技术创业型企业创立的资金难题，而且能够吸引优秀创业企业进入平台（路径①），逐渐积累提高平台可筛选的创业企业水平。

价值创造。价值创造是实现创业平台价值主张的过程，价值创造设计的合理性，直接关系到价值主张能否实现（路径②），也是创业平台能否协助技术创业型企业顺利完成孵化，并实现股权动态配置的关键保障。

（1）基于资深专家择优筛选的群体对接。基于案例对比分析结果，专业的技术择优筛选能够有效地从技术选择源头降低技术孵化风险。创业平台集合具有卓越研究经验且致力于平台创建的技术专家择优选择技术创业型企业，解决资金资本持有者专业技术知识欠缺，难以准确判定技术发展前景的问题。且将目标聚集于相同或相近专业，能够有效降低领域间的理解差异及技术间的信息不对称而导致项目选择失败的概率。技术专家判断原创性技术是否需具备成功的孵化条件及良好的市场贴合度，甄别其孵化为差异性产品的可行性、产品的行业竞争力，避免不必要的投资项目选择失误，从项目选择的源头上降低民间资本的投资风险。

依据投资组合理论，多种项目组成的投资组合能够有效降低非系统性风险，如果将资金资本分散投资于相互独立的若干技术创业型企业，形成资金资本与技术创业的群体对接，能够有效降低原创技术在孵化过程和认同过程中存在的非系统风险，达到分散资金风险的目的。由此，运营模式中采用群体对接，由筛选所得的技术创业群体与投资群体对接成立多个相互独立的技术创业型企业，规避了"一对一"或"多对一"对接方式引发的资金风险完全由单一资本持有者承担的风险或投资者将全部资金投入于某一项目的资金风险，而且弥补了"一对多"对接模式下因单一资本持有者自身资金能力有限而产生资金供给不足的缺陷。

（2）专业技术协同服务。技术专家的专业知识、原创性技术间客观存在的技术关联性和互补性，利于实现相近领域间的技术协作。聚焦于某一专业领域的价值选择则通过路径③，为实现专业技术协同服务，提高原创技术孵化转化成功率奠定了基础。

（3）产品技术营销展示，吸引阶段化外部投资。技术创业型企业步入发展初期后，产品技术的市场推广营销、及时足额的发展资金获取，皆是企业实现规模化发展的关键。加之技术创业团队缺乏营销管理的专业知识和丰富经验，为技术创业型企业提供营销管理则成为创业平台的主要服务之一。创业平台配备具有相关行业工作经验的经营管理人员，负责产品技术的市场拓建、营销决策，以及企业日常的财务管理，以有效缓解因技术创业团队经营管理技能欠缺而引发的运营管理风险。在提供营销管理服务的同时，借鉴 Y Combinator、创新工场、概念证明中心的做法，运用丰富的产品技术展示会，通过路径④，一方面考察市场对此原创技术孵化的差异性产品的认可度和接受程度，为科学设计技术创业型企业产品营销策略提供参考；另一方面可以为技术创业型企业拓宽后续的融资渠道，以缓解因资金供给不足引发的经营风险（路径⑤），同时也能够增加创业平台的资金资本投入。

资源整合。创业平台进行自有合作网络和各类资源的积累，并能够对积累资源进行灵活的调动和运用，通过路径⑥发挥资源整合能力以促进价值创造过程的顺利进行，同时价值创造的过程也是对资源整合的不断丰富（路径⑦）。创业平台不仅注重项目展示过程中不断加入的投资方，以及解决技术筛选、评估或者孵化过程中技术难题的资深专家等外部资源积累，而且需要不断丰富自身的内部资源：一方面创业平台对不同技术创业型企业的培育过程进行详细的记录，以便对后续投资对象的培育提供指导和借鉴；另一方面对于没有孵化成功的技术创业型企业详细记录其失败原因，并保留孵化数据，以便遇到合适的匹配技术进行技术的整合开发。长此以往则会形成创业保障平台自有的合作网络，对该网络的灵活运用不仅能够解决技术难题，而且可以为后续进入的企业提供经验交流和创业培训。

价值实现。不同于我国大多以提供基础设施和管理服务为主的企业孵化器，本章设计的创业平台运营模式首要的价值主张是种子资金投入，那么与之相对应的主要是价值实现即为投资收益（路径⑧）。以投资收益获取价值实现，一方面与投资者以获得资本增值为目标的需求相吻合，能够更好地吸引资金投入夹层基金；另一方面形成创业平台及其相关人员、投资者、技术创业型企业相关方的利益趋于一致，能够有效促进技术创业型企业的发展、提高投入平台的盈利能力、增加投资者的资本收益。进而塑造良好的创业平台品牌，提高平台内外部资源积累和整合能力（路径⑨），更好地服务于技术创业型企业发展、保障资本稳定收益。

第三节　创业平台股权动态配置的应用：
以夹层融资为例

根据前述章节的分析可知，夹层融资契约的关键是通过合理的收益分配设计实现股权动态配置与资本自主退出。本节以夹层融资为例，设计创业平台的收益分配机制，在保证创业平台与技术创业型企业顺利合作的同时，实现单一技术创业型企业的股权动态配置。

一、创业平台股权收益分配与资本退出方式

资金资本以获得稳定高额资本收益为目的注入投资平台，成立夹层基金。夹层基金通过为技术创业型企业提供长期创始资金支持，以满足技术孵化对稳定资金的需求。通过给予固定的现金收益，保证投资资金获得稳定资本收益，根据技术创业型企业发展状态分配浮动的股权收益，提高投资资金平均收益率。同时，以浮动的股权收益动态调整技术创业型企业股权配置，最终实现技术创业团队创自己事业的初衷。投资人可依据对技术创业型企业未来收益的判断决定资本退出比例的退出模式，缓解资金风险，且投资人具有优先清偿权，可进一步降低资金风险。通过夹层基金的收益分配、资本退出机制的合理设计，能够有效降低资金风险，且满足技术创业团队创自己事业的心理愿景以促进其能力的发挥。结合第六章设计的技术创业型企业夹层融资契约和第五章构建的技术创业型企业股权动态配置模型，进一步明确创业平台的夹层基金运作与资本退出方式，如图8-9所示。

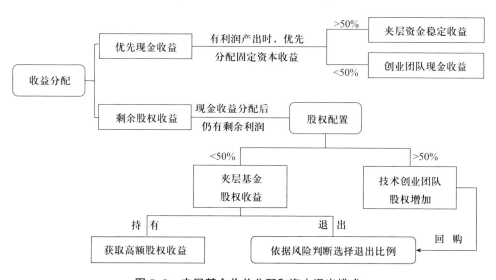

图8-9　夹层基金收益分配和资本退出模式

如图 8-9 所示，夹层基金的收益包括现金收益和股权收益两部分。当技术创业型企业有利润产出时，优先按照协议约定的高于行业平均资本收益率的固定比例抽取现金收益分配，且在优先分配现金收益时，对应夹层基金的风险承担以大于 50% 的比例分得现金收益。当产出的利润在抽取现金收益后仍有剩余，则进行剩余股权收益分配，即按照约定比例以股权形式在夹层基金与技术创业团队之间分配剩余利润。剩余利润是在满足夹层基金高于行业平均水平收益后的剩余，即技术创业团队能力超额发挥的集中体现，且其掌握的原创技术成为企业竞争力的核心表现，在分配股权收益时以大于 50% 的比例给予技术创业团队股权收益。那么技术创业团队的持股比例会随着股权收益的积累而不断增加，最终获取控制股权，实现创自己事业的心理愿景。同时，夹层基金也会获得一定比例的股权收益，此时，夹层基金持有者可依据自身对技术创业型企业未来发展前景和资金风险的判断，选择继续持有以获得更高资金收益，或以一定比例逐步退出资本，技术创业团队对资本退出进行回购，增加其持股比例。

民间资本不愿投入技术创业型企业，其中资本退出方式的不灵活是主要原因之一。目前技术创业型企业多以股权融资方式获得创始资金，股权融资并没有明确的资本退出期限，而且资本只能通过回购、转让等股权出售方式退出，退出方式缺乏自主性和灵活性。可见，合理设计资本退出模式是夹层基金顺利运营的关键要素之一。如图 8-10 所示，进一步明确创业平台的夹层基金资本退出模式。

当技术创业型企业创造产出剩余可分配收益时，表明企业已经步入发展期。由于差异性产品被市场认可接受，加之具有良好的发展前景，技术创业型企业的融资约束逐渐降低，创业平台对技术创业型企业的资本投入过程也趋于完成，此时资本可选择获利退出。而资本退出不仅要考虑资金资本的收益和风险，而且要考虑技术创业型企业的长期可持续发展。那么，本章设计的资本退出模式应遵循以下原则：

（1）资本逐步退出。资本一次性退出给技术创业型企业造成巨大的资金缺口，而且会引发技术创业型企业较大的股权变动，容易从资金链和公司治理两方面对技术创业型企业造成不利影响。

（2）具有与资金风险收益相关的自主决定权。现有资本退出方式不灵活自主，是民间资本难以接受投资技术创业型企业的原因之一。那么，应该将资本退出的主动权交给民间资本持有者，在技术创业型企业出现盈利后，民间资本可根据企业未来发展前景决定是否撤出资金，或以何种速度撤资。具体地，如图8-10所示，在技术创业型企业产生剩余可分配收益后，资本持有者可将自身获得的剩余可分配收益，即股权收益的部分股权转换为现金作为退出资本，实现资本逐步退出。资本持有者可根据技术创业型企业的发展前景与技术创业团队协议约定资本退出额度占股权收益的比例，自主决定资本退出速度，自主控制资金风险、保证资本收益。

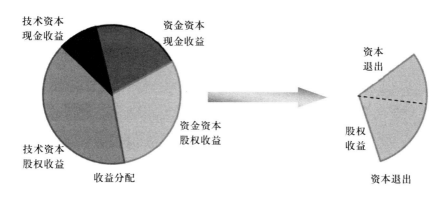

图8-10　收益分配与资本退出

二、创业平台收益算例

依据创业平台的构建，以及第五章时序模型构建，本小节通过变量赋值，对夹层基金收益率进行计算，以预计创业平台的收益区间，进而判断民间资本的资本收益率。为了更好地进行算例评估，对加入资本退出后的资本收益进行模型推演。在第五章第二节的假设1到假设4的前提下，加入假设5：资本退出占股权收益的比例为 $1-\varepsilon$，每一经营周期的退出比例相同。

技术创业型企业第1年至第 m_1-1 年处于原创技术的孵化阶段，并不产生利润。当技术创业型企业第 m_1 年出现可分配收益 $\Delta C_{m1} < \alpha_{max}(1-\gamma)C_0$ 时，夹层基金第 m_1 年至第 $n-1$ 年的现金收入为 $(1-\gamma)\sum_{m=m1}^{n-1}\Delta C_m$。技术创业型企业从第 n 年创造的可分配收益满足 $\Delta C_n > \alpha_{max}C_0$，即出现剩余可分配收益 $\Delta' C_n$，技术创业团队和夹层基金以股权形式按照 β 和 $1-\beta$ 的比例分配剩余可分配收益。第 n 年至第 t 年夹层基金的现金收入为 $(t-n+1)\alpha_{max}(1-\gamma)C_0$。此时，夹层基金可选择将 $1-\varepsilon$ 的股权收益作为资本退出，以实现夹层基金的逐步退出。那么，夹层基金的股权收益为：

$$\varepsilon R(1-\beta)\sum_{i=n}^{t}\Delta' C_i \qquad (8-1)$$

其中 R 为技术创业型企业的股票市盈率。夹层基金的退出额度为：

$$(1-\varepsilon)(1-\beta)\sum_{i=n}^{t}\Delta' C_i \qquad (8-2)$$

综合上述分析，以技术创业型企业发展期间为时间轴，夹层基金获得的现金收入和股权收益如下所示：

那么，到第 t 年夹层基金可获得的现金与股权总收益为：

$$(1-\gamma)\sum_{m=m1}^{n-1}\Delta C_i + (t-n-1)\alpha_{max}(1-\gamma)C_0 + \varepsilon R(1-\beta)\sum_{i=n}^{t}\Delta' C_i \qquad (8-3)$$

以技术创业团队获取控制股权为界限，计算夹层基金的收益情况。首先应明确技术创业团队获得控制股权应满足的收益条件。技术创业团队持有的总股本为注册时的技术资本、获得的剩余可分配收益的股权分配，夹层基金的股本为注册时的资金资本和获得的剩余可分配收益的股权分配。技术创业团队获得控制股权即技术创业团队持有的股本大于民间资本，参考式（5–14）和式（5–15），技术创业团队获得控制股权应满足条件：

$$\gamma C_0 + \beta \sum_{i=n}^{t} \Delta'C_i > (1-\gamma)C + \varepsilon(1-\beta)\sum_{i=n}^{t}\Delta'C_i$$

由此得到满足的收益条件为：

$$\sum_{i=n}^{t}\Delta'C_i > \frac{1-2\gamma}{\beta-\varepsilon+\varepsilon\beta}C \tag{8-4}$$

结合第五章第二节对相关变量的赋值，假设资本不退出或以 50% 的比例退出，对平均年资本收益进行计算。依然延续第五章分配比例计算，区分现实中企业发展可能出现正常、缓慢、快速三种情况进行讨论。由式（8–4）可得，满足 $\varepsilon=1$ 时 $\sum_{i=n}^{t}\Delta'C_i$ 为 100 万美元，$\varepsilon=0.5$ 时，$\sum_{i=n}^{t}\Delta'C_i$ 为 72.7273 万美元，技术创业团队可获得控制股权。

首先，得到技术创业型企业在正常、缓慢、快速发展三种情况下，技术创业团队获得控制股权的时间和累计形成的剩余可分配收益，如表 8–4 所示。

表 8-4 技术创业团队获取控制股权的收益条件

发展情况	$\varepsilon=1$		$\varepsilon=0.5$	
	t	$\Delta'C$（万美元）	t	$\Delta'C$（万美元）
正常发展	7	100	7	72.7273
缓慢发展	12	103.0372	11	77.8584
快速发展	6	240	6	240

由式（8–3）可知，到第 t 年夹层基金可获得的现金与股权总收益为 $(1-\gamma)\sum_{i=m1}^{n-1}\Delta C_i + (t-n-1)\alpha_{max}(1-\gamma)C_0 + \varepsilon R(1-\beta)\sum_{i=n}^{t}\Delta'C_i$。将表 8–4 相关数值代入可得

第 t 年末夹层基金获得的总收益，如表 8-5 所示。

表 8-5　单个技术创业型企业成功规模化发展夹层基金总收益　　　单位：万美元

发展情况	$\varepsilon=1$			$\varepsilon=0.5$		
	现金收入	股权收益	总收益	现金收入	股权收益	总收益
正常发展	35	150	185	35	75	110
缓慢发展	70	154.5558	224.5558	70	77.2779	147.2779
快速发展	28	360	388	28	180	208

假设创新创业平台夹层基金对筛选出的 10 家技术创业型企业进行投资，且技术创业型企业都以上述相同的某一发展速度发展，那么这一批投资的年平均资本收益率为：

$$\frac{单位技术创业型企业夹层基金总收益 \times 10 \times 成功率}{t \times 投入总资本} \tag{8-5}$$

由表 8-5 和式（8-5）可得，不同成功率下夹层基金年平均收益率如表 8-6 所示。

表 8-6　技术创业型企业以相同速度发展时夹层基金的年平均收益率

成功率	$\varepsilon=1$			$\varepsilon=0.5$		
	正常发展	缓慢发展	快速发展	正常发展	缓慢发展	快速发展
10%	3.7755	2.6733	9.2381	1.4842	1.9127	4.9524
20%	7.5510	5.3466	18.4762	2.9685	3.8254	9.9048
30%	11.3265	8.0199	27.7143	4.4527	5.7381	14.8571
40%	15.1020	10.6931	36.9524	5.9369	7.6508	19.8095
50%	18.8776	13.3664	46.1905	7.4212	9.5635	24.7619
60%	22.6531	16.0397	55.4286	8.9054	11.4762	29.7143

续表

成功率	$\varepsilon=1$			$\varepsilon=0.5$		
	正常发展	缓慢发展	快速发展	正常发展	缓慢发展	快速发展
70%	26.4286	18.7130	64.6667	10.3896	13.3889	34.6667
80%	30.2041	21.3863	73.9048	11.8738	15.3016	39.6190
90%	33.9796	24.0596	83.1429	13.3581	17.2143	44.5714
100%	37.7551	26.7328	92.3810	14.8423	19.1270	49.5238

由表 8-6 可知，若夹层基金选择资本不退出，50% 的技术创业型企业缓慢发展最终成功实现规模化，而其他企业全部失败时，夹层基金也可获得 13.3664% 的资本收益。若企业保持正常发展速度，保证 40% 的技术创业型企业成功，便可达到夹层资本的一般收益率（夹层资本的收益率一般为 15%~20% ）。对比资本不退出和部分退出的收益率，发现相同成功率下夹层基金的收益率相差很大，这说明了现金收益是夹层基金收益的最低保障，其存在的目的在于保证有稳定的资本收益而持续的资金支持以获得股权收益才是夹层基金高额收益的途径。该收益分配和资本退出模式，实际上是在保证夹层基金能够获得稳定收益的前提下，鼓励夹层基金进行长期投入获得高额资本收益，以保证技术创业型企业的资金稳定。

在现实中，技术创业型企业难以以相同速率发展，因此本章探讨发展状态组合及不同成功率下，夹层基金的年平均收益率。结合不同成功率和发展状态，10% 成功率有 A_3^3/A_2^2 种组合，20% 成功率有 $2A_3^3/A_2^2$ 种组合，30% 成功率有 $A_3^3/A_2^2 + A_3^3 + A_3^3/A_3^3$ 种组合，40% 成功率有 $3A_3^3/A_2^2 + A_3^3$ 种组合，50% 成功率有 $3A_3^3/A_2^2 + 2A_3^3$ 种组合，60% 成功率有 $3A_3^3/A_2^2 + 3A_3^3$ 种组合，70% 成功率有 $4A_3^3/A_2^2 + 4A_3^3$ 种组合，80% 成功率有 $5A_3^3/A_2^2 + 5A_3^3$ 种组合，90% 成功率有

$4A_3^3/A_2^2 + 7A_3^3 + A_3^3/A_3^3$ 种组合，100% 成功率有 $6A_3^3/A_2^2 + 8A_3^3$ 种组合，共计 284 种组合。计算每种组合的夹层基金收益率，最终得到夹层基金在一定成功率下的收益区间，如表 8–7 所示。

表 8–7　技术创业型企业不同发展状态组合夹层基金的年平均收益率

成功率	年平均收益率区间	
	$\varepsilon=1$	$\varepsilon=0.5$
10%	2.6733~9.2381	1.9127~4.9524
20%	4.8757~18.4762	3.3413~9.9048
30%	7.0780~27.7143	4.7698~14.8571
40%	9.2804~36.9524	6.1984~19.8095
50%	11.4828~46.1905	7.6270~24.7619
60%	13.6852~55.4286	9.0556~29.7143
70%	15.8876~64.6667	10.4841~34.6667
80%	18.0900~73.9048	11.9127~39.6190
90%	20.2923~83.1429	13.3413~44.5714
100%	22.4947~92.3810	14.7698~49.5238

　　由表 8–7 的计算结果可知，即使投资成功率较低仅为 40%，群体对接的结合机制也能保证夹层基金获得较为可观的收益，避免了低成功率时一对一模式下投资者完全的资本损失。且经过筛选的原创技术，在相近领域技术的协作下，孵化成功率会大大提高，加上专业管理团队的指导，创业公司成功实现规模化发展的概率也将提高。保守计算 50% 的成功率，夹层基金的年平均收益率可达 11.4828%~46.1905%。

　　通过上述分析和数据评价，本书基于夹层融资原理构建的创业平台对吸引民间资本注入，保障技术创业型企业夹层融资契约、股权动态配置的顺利实现具有较强的适用性。首先，民间资本与技术创业的群体对接以分散风险，相关领域的技术专家筛选项目，避免项目选择失误导致投资失败造成资金损失，从源头上降低了资金风险。同时，区别于单一民间资本持有者，多个民间资本持有者组成夹层基金具有更充足的资金储备，能够满足技术创业型企业的资金需求。其次，基于夹层原理设计民间资本优先分配现金收入，保证民间资本获得高于债权融资的现金收益。当技术创业型企业创造出剩余可分配收益时，民间资本可参与获得部分股权收益，提高民间资本的总收益。优先现金收入、剩余股权收益的分配模式，保证了民间资本收益的稳定性，满足了民间资本高额收益的需求。机制评价结果表明，较为保守计算，民间资本年平均增长率能够满足夹层资本 10%~20% 资本增长率的要求，且该收益分配和资本退出模式在保证民间资本能够获得稳定收益的前提下，具有鼓励民间资本进行长期投入获得高额资本收益的作用。同时，通过夹层基金投入的民间资本，以退出获利为最终目的，对技术创业团队期望的控制股权不具有威胁，使技术创业型企业控制股权逐步让渡给技术创业团队成为可能，满足了技术创业团队创自己事业的愿景，能够很好地激励原创技术持有者创事业的热情。最后，夹层基金可选择将一定比例的股权收益作为资本退出，使夹层基金具有决定资本退出速度的自主权，是兼顾风险和收益的资本退出设计，更适用于不同风险偏好的民间资本持有者。而且避免了资金一次性退出导致企业过大的资金缺口，给技术创业型企业带来不利影响。

第九章 结论

第一节 主要结论

以自有原创科研成果为核心竞争力的技术创业型企业，逐渐成为我国制造业技术引进的新形式，以及创新驱动经济发展模式形成的中坚力量。因技术创业型企业孵化期和市场认同期创始资金需承担较大的资金风险，存在很强的融资约束，导致创始资金融资成为企业发展瓶颈之一。技术创业型企业先进性的保持和快速的资本收益依赖于技术创业团队能力的能动发挥和团队的长久稳定，加上"先小资金大风险孵化、后大资金小风险发展"的自有特点，以及技术创业团队创自己事业的目标，需要企业股权配置具有依据资金和技术专有性贡献度变化的动态性。那么，股权公平的动态配置成为制约技术创业型企业顺利发展的另一瓶颈。针对上述技术创业型企业发展过程中存在的两大难题，本书实证研究了股权激励对融资结构的调节作用，理论分析了融资契约设计的原理和股权动态配置的机理，并通过模型推演夹层融资契约设计实现股权动态配置的过程，得到技术创业型企业股权动态配置模型。然后通过案例研究方法，分析适合技术创业型企业的创业平台运营模式，将技术创业型股权动态配置运用于创业平台。本书的主要结论如下：

（1）合理的股权激励不仅能够激发团队的能动性，弱化团队的管理防御行为，而且能够优化企业的融资结构。具体地，股权激励对经理管理防御与债权融资关系显示正向调节作用（向上调节）；对经理管理防御与股权融资、债务期限结构关系显示负向调节作用（向下调节），在股权激励作用下管理防御与股权融资、债权融资关系方向发生了变化，且能够调动经理层积极性优化企业融资结构、获得更好的资本运营结果。

（2）风险承担、可抵押性是资本参与股权配置的前提，专有性呈现速度是股权在资本间配置的依据。资金资本因物化于企业且与所有者可分离的特点存在风险承担和可抵押性，而前期专用性投资风险和产权行使受限使技术资本同样能够参与股权配置。技术创业型企业股权配置是资金资本和技术资本专有性呈现速度快慢判别股权调整方向、以专有性贡献度大小确定股权调整幅度的动态过程。

（3）夹层融资对技术创业型企业具有较强的适用性，通过夹层契约设计实现创始资金融资。这一适用性表现在：夹层融资与技术创业型企业孵化期和市场认同期利润微薄、发展期收益快速增长需要灵活设计收益分配模式的特点相匹配，以优先的固定现金收益和高额的浮动股权收益满足原始出资人稳定、高额资本收益的要求，且浮动股权收益为技术创业型企业股权配置提供了动态空间。

（4）设计夹层融资契约实现技术创业型企业股权动态配置。设计了以优先可分配收益保证原始出资人的收益稳定，以剩余可分配收益实现出资人的高额资本增值的夹层融资契约，通过股权收益实现技术创业型企业的股权动态配置的技术。并以帕累托最优和边际效用递增为标准，计算筛选得到 $\beta=1-\gamma$ 的较优股权收益分配比例。最终形成了夹层融资契约"收益分配与持股比例分离量化、优先分配与剩余分配比例倒挂"的股权动态配置模型。

（5）创业平台是民间资本投入技术创业型企业所不可或缺的重要媒介。

从价值定位、价值主张、价值创造、资源整合和价值实现等方面借鉴国外创业平台成功运营的共性要素，形成创业平台的运营模式，并将股权动态配置模型运用于创业平台，形成创业平台与技术创业型企业的夹层融资契约，得到符合夹层资本收益率的收益分配方式和资本退出模式。

第二节　研究主要创新点

本书基于不完全契约理论、融资契约理论、证券设计理论等，分析了技术创业型企业股权动态配置机理及其契约设计原理，结合两者通过夹层融资契约设计实现了股权的动态配置，并提出将技术创业型企业股权动态配置模型应用于创业平台，促成民间资本对技术创业型企业的投入。具体而言，本书的创新之处主要有以下三点：

第一，本书在融资契约理论的基础上，进一步明晰了融资契约设计对企业股权配置的重要影响，基于此，依据设计夹层融资契约以实现技术创业型企业与收益相关的股权动态配置运作体系，充实了创业企业融资契约与股权配置关系的理论研究，形成了较为系统的融资契约设计和企业股权配置理论分析框架。

已有研究多基于传统资本结构理论探讨融资工具的选择，及不同性质融资匹配的较优比例，欠缺从契约角度切入分析融资在公司治理中的作用，忽略了不同融资契约设计对企业股权配置的影响，及这一影响作用在股权治理中的运用。本书运用融资契约设计实现技术创业型企业的股权动态配置，是在明确融资契约与股权配置关系的前提下，将其灵活运用于企业股权治理中，扩展了企业融资与股权配置的研究视角。而且，目前对于夹层融资的研究仅处于基本运作原理的介绍阶段，十分缺乏更为深入的理论研究和实践探讨。而本书系统分析了夹层融资对创始资金融资的适用性并设计出夹层融资契约即夹层基金，一方面深入了相关的理论研究，具有一定的理论价值，另一方面提供了夹层融资的应用示例，具有一定的实践意义。

第二，针对技术入股类股权静态配置模式在稳定与发展方面显现出的诸多缺憾，本书构建了"收益分配与持股比例分离量化、优先分配与剩余分配比例倒挂"的股权动态配置模型，使技术创业型企业股权配置处于随剩余可分配收益变化的连续状态，以体现原创技术和创始资金在企业不同发展阶段的专有性贡献变化，具有较强的实用性，能够为技术创业型企业股权动态配置提供实践指导。

目前普遍使用技术人员激励方式对技术创业型企业来说皆存在一定的局限性，技术入股模式股权静态配置的特点无法公平体现创始资金和原创技术的专有性贡献度变化，多分配经济利益而少给予决策权力的双层股权结构，难以满足技术创业团队创事业的需求。本书通过夹层融资的股权收益分配，引入剩余可分配收益的概念，构建股权配置随剩余可分配收益的增加而变动的动态模型，弥补了上述方式的不足，对目前聚集出现的技术创业型企业的稳定发展，甚至人力资本主导企业的股权配置难题都具有指导意义。

第三，将技术创业型企业股权动态配置运用于创业平台中，构建企业和平台的夹层融资契约，并依据国内外成功案例分析结果，构建出创业平台的运营模式，以及夹层基金的收益分配和资本退出方式，对引导民间资本投入技术创业型企业具有指导意义，有助于实现民间资本稳态升值、技术创业发展经济的双赢。

已有研究明确指出技术入股、创业投资引导基金以及风险投资结合企业孵化器等模式因无法满足民间资本低风险、高收益的需求，难以通过民间资本引入解决创始资金融资难的问题。虽然已有学者通过借鉴国外成功经验，给予了指导性意见，但并未形成易于实践、行之有效的运营模式。本书将国外成功案例的经验借鉴引入宏观运营模式设计中，将本书设计的夹层融资契约和股权动态配置模型应用于创业平台，不仅保障了技术创业型企业股权动态配置和夹层融资契约顺利运行，而且创新了民间资本增值途径，在目前"大众创业、万众创新"环境下，对促进原创技术持有者积极创业，活化民间资本投资渠道具有一定的实践指导价值。

第三节　研究局限性与展望

虽然本书系统分析了企业融资契约对股权配置的影响作用，以及技术创业型企业的融资契约设计原理和股权动态配置机理，并以此为基础构建了基于夹层融资的股权动态配置模型，对于一般企业明确融资契约和股权配置的关系存在理论指导意义，对技术创业型企业解决创始资金融资困难和股权配置难点具有实践指导价值。然而，本书仅是一个阶段性研究成果，在多方面仍存在一定的局限性，未来可以从以下三个方面进一步展开深入和系统的研究：

（1）本书将研究重点置于技术创业型企业产生剩余利润后的股权动态配置，分析其科学配置的理论基础及合理配置的可操作依据。但是，并没有深入讨论技术创业型企业创立时资金资本和技术资本的初始股权配置方法。那么，未来可关注技术创业型企业初始股权配置的方式，以形成初始股权配置、股权持续动态配置更为全面系统的技术创业型企业股权配置理论体系。

（2）关于股权动态配置趋势以及创业平台的收益演示，数据皆来源于一般企业孵化器中创业企业的普遍性数据，导致其预测结果不具有行业区分度。

但是，在实际操作中，不同行业的技术创业型企业在可分配收益增长速率、孵化期和市场认同期所需时间会有较大差别。因此，后续研究可对不同行业创业企业进行深入调研，以行业细化股权动态配置趋势以及创业保障平台收益，也可进一步调整行业区别下股权动态配置模型的较优配置比例。

（3）以国内外成功案例的共性要素为经验借鉴，结合夹层融资契约将股权动态配置原理和模型运用于创业平台，对民间资本规模化投入技术创业型企业具有很强的理论指导意义，但将其投入于实践中仍需进行实验室检验、小范围实验等步骤。那么，在未来研究中可采用实验研究方法进一步考察运用价值，发现问题并完善创业平台的运营模式，以及股权动态配置的应用。

参考文献

［1］Hart O.Financial Contracting［J］. Journal of Economic Literature，2001，39（4）：1079-1100.

［2］Leland H E ，Pyle D H. Information Asymmetries，Financial Structure and Financial Internediation［J］. Journal of Finance，1977（32）：371-387.

［3］Grossman S J，Hart O D. Corporate Financial Structure and Managerial Incentives［J］. In the Economics of Information and Uncertainty.Chicago：University of Chicago Press，1982：107-140.

［4］Diamond D W. Debt Maturity Structure and Liquidity Risk［J］. Quarterly Journal of Economics，1991（106）：709-737.

［5］Hart O. Firm，Contract and Financial Structure［M］.Oxford University Press，1995.

［6］Willamson Oliver E. Corporate Finance and Corporate Governance［J］. Journal of Finance，1988（43）：567-591.

［7］Bygrave W，Hay M，Ng E，et al. Executive forum：A Study of Informal Investing in 29 Nations Composing the Global Entrepreneurship Monitor［J］. Venture Capital，2003，5（2）：101-106.

［8］Li L，Shubik M，Sobel J M. Control of Dividends，Capital Subscriptions，and Physical Inventories［J］.Management Science，2013，59（5）：1107-1124.

〔9〕Zhang J，Siuitaris V，Soh P，Wong P.A Contingent Model of Network Utilization in Early Financing of Technology Ventures〔J〕.Entrepreneurship Theory and Practice，2008，32（4）：593–613.

〔10〕Rompers P，Lerner J. The Venture Capital Revolution〔J〕.Journal of Economic Perspectives，2005，15（2）：145–168.

〔11〕Hellmann T. and Puri M. The Interaction between Product Market and Financing Strategy：The Role of Venture Capital〔J〕. The Review of Financial Studies，2000（13）：959–984.

〔12〕Hellmann T，Stiglitz J E. Credit and Equity Rationing in Markets with Adverse Selection〔J〕. European Economic Review，2000（44）：281–304.

〔13〕Kortum S，Lerner J. Assessing the Contribution of Venture Capital to Innovation〔J〕. Journal of Economics，2000，31（4）：674 –692.

〔14〕Ueda M，Hirukawa M. Venture Capital and Industrial Innovation〔EB/OL〕.（2008–12–23）〔2011–04–28〕. http：//www.cepr.org/pubs/dps/DP7089.asp.

〔15〕Berger A N，Udell G F. The Economics of Small Business Finance：The Roles of Private Equity and Debt Markets in the Financial Growth Cycle〔J〕.Journal of Banking and Finance，1998（22）：613–673.

〔16〕Davis.Venture Capital in Canada：A Maturing Industry，with Distinctive features and new challenges〔R〕. NBER Working Paper，2003，No. 60.

〔17〕Winton，Andrew，Vijay Yerramilli. Entrepreneurial Finance：Banks Versus Venture Capital〔J〕. Journal of Financial Economics，2008，88（1）：51–79.

〔18〕Ding Z，et al. Angel Investors' Selection Criteria：A Comparative Institutional Perspective〔J〕.Asia Pacific Journal of Management，2014（31）：705– 731.

［19］Lerner，J.The Future of Public Efforts to Boost Entrepreneurship and Venture Eapital［J］.Small Business Economics，2010，35（3）：255-264.

［20］Leleux B，Surlemont B.Public Versus Private Venture Capital：Seeding or Crowding Out：A Pan European Analysis［J］. Journal of Business Venturing，2003，18（1）：81-104.

［21］Cumming D J，Macintosh J.Crowding out Private Equity：Canadian Evidence［J］. Journal of Business Venturing，2006，21（5）：569-609.

［22］Brander J，Egan E J，Hellmann T. Government Sponsored Versus Private Venture Capital：Canadian Evidence［C］. University of British Columbia Working Paper，2008.

［23］Becker Rolf，Thomas Hellmann.The Genesis of Venture Capital：Lessons from the German Experience［R］. CESIFO Working Paper No.883. Category 9：Industry Organization，2000.

［24］Trajtenberg M. Government Support for Commercial R&D：Lessons from the Israeli Experience［J］. Innovation Policy and the Economy，2002（2）：79-134.

［25］Elitzur R，Gavious A.Selection of Entrepreneurs in the Venture Capital Industry：An Asymptotic Analysis［J］. European Journal of Operational Research，2011，215（3）：705-712.

［26］Barbero J L，Casillas J C，Wright M，et al.Do Different Types of Incubators Produce Different Types of Innovations?［J］.Journal of Technology Transfer，2014，39（2）：151-168.

［27］Kaplan S，Strömberg P. Financial Contracting Theory Meets the Real World［C］.NBER Working Paper，2000.

［28］Bettignies J D，Brander J A.Financing Entrepreneurship：Bank Finance versus Venture Capital［J］. Journal of Business Venturing，2007，22（6）：832.

［29］Adelman Philip J, Alan M.Marks, Entrepreneurial Finance: Finance for Small Business ［M］. Prentice Hall, 2002.

［30］Peter Nockless, Sung Su Pak.The Key Differences between U.S.and European Mezzanine Financing ［J］. Capital Eyes, 2005（2）: 218-230.

［31］Andrew R Berman.Risk and Realities of Mezzanine Loans ［J］.Missouri Law Review, 2007（72）: 993-1030.

［32］John F.McDonald.Optimal Leverage in Real Estate Investment with Mezzanine Lending, A Great Cities Institute ［R］. NBER Working Paper, 2007, No.2.

［33］Anderson, R.C., Mansi, S.A., and Reeb, D.M.Founding Family Ownership and the Agency Cost of Debt ［J］.Journal of Financial Economics, 2003, 68（2）: 263-286.

［34］Hart O, Moore J. Property Rights and the Nature of the Firm ［J］. Journal of Political Economy, 1990（98）: 1119-1158.

［35］Paul A.Gompers, Joy Ishii, Andrew Metrick.Incentives vs.Control: An Analysis of U.S.Dual-Class Companies ［R］. NBER Working Paper, 2004, No.10240.

［36］Daniel R.Fischel.Organized Exchanges and the Regulation of Dual Class Common Stock ［J］. University of Cincinnati Law Review, 1987（54）: 119.

［37］Peter L.Simmons.Dual Class Recapitalization and Shareholder Voting Rights ［J］. Columbia Law Review, 1987, 87（1）: 106-124.

［38］Joel Seligman.Equal Protection in Shareholder Voting Rights: The One Common Share, One Vote Controversy ［J］. George Washington Law review, 1986, 54（5）: 687-724.

［39］Hellmann T, Thiele V. Incentives and Innovation: A Multitasking

Approach［J］. American Economic Journal：Microeconomics ，2012，3（1）：78-128.

［40］Banker R，Huang R，Natarajan R.Equity Incentives and Long-term value Created by SG&A Expenditure［J］. Contemporary Accounting Research，2010，28（3）：794-830.

［41］Yanadori Y，CUI V.Creating Incentives for Innovation? The Relationship between Pay Dispersion in R&D Groups and firm Innovation Performance［J］. Strategic Management Journal，2013，34（10）：1502-1511.

［42］Jensen M C and Meckling W H. Theory of the Firm：Managerial Behavior，Agency Costs and Ownership Structure［J］.Journal of Financial Economics，1976（3）：305-360.

［43］T.Hellmann.Going Public and the Option Value of Convertible Securities in Venture Capital［EB/OL］. https：//gsbapps.stanford.edu / research papers / library / RP1703.2012-10-11.

［44］Grossman J and Hart O. The Costs and Benefits of Ownership：A Theory of Vertical and Lateral Integration［J］. Journal of Political Economy，1986（94）：691-719.

［45］Zender J. Optimal Financial Instruments［R］. Working Paper，University of Utah，1989.

［46］Philippe Aghion；Patrick Bolton.An Incomplete Contracts Approach to Financial Contracting［J］. The Review of Economic Studies，1992，59（3）：473-494.

［47］Dewatripoint M，Tirole J. A Theory of Debt and Equity［J］. Economics，1994（109）：1027-1054.

［48］Hart O and Moore J. Default and Renegotiation：A Dynamic Model of

Debt［J］.Quarterly Journal of Economics，1998（113）：1–41.

［49］Berglof E.A Control Theory of Venture Capital Finance［J］.Journal of Law，Economics and Organization，1994（10）：247–267 .

［50］R.Repullo，J. Suarez.Venture Capital Finance：A Security Design Approach［J］. Europe Finance Review，1998，8（1）：75–108.

［51］T. Hellmann.The Allocation of Control Rights in Venture Capital Contracts［J］. The Rand Journal of Economics，1998，29（1）：57–76.

［52］G.Cestone. Venture Capital Meets Contract Theory：Risky Claims or Formal Control?［EB/OL］. http：// ddd.uab.cat /pub / worpap / 2006 / hdl_2072_1967 / 48001.pdf，2012–10–11.

［53］A.Bascha，U. Walz.Financing Practices in the German Venture Capital Industry an Empirical Assessment［EB/OL］.http：// www.google.com.hk / url.2012–10–11.

［54］S.Kaplan，P. Strömberg.Financial Contracting Theory Meets The Real World：An Empirical Analysis of Venture Capital Contracts［J］. Review of Economic Studies，2003，70（2）：281–315.

［55］O.Bengtsson，B. Sensoy. Investor Abilities and Financial Contracting：Evidence from Venture Capital［J］. Journal of Financial Intermediation，2011，20（4）：477–502.

［56］Eaton J，Rosen H S. Agency，Delayed compensation and the Structure of Executive Remuneration［J］. The Journal of Finance，1983，38（5）：1489–1505.

［57］Michael Spence. Job Market Signaling［J］. Quarterly Journal of Economics，1973（3）：355–374.

［58］Gilson S C. Management Turnover and Financial Distress［J］. Journal of Financial Economy，1989（5）：243–262.

［59］杨文燮，胡汉辉．基于 DEA 的国家级科技企业孵化器运行效率分析［J］．统计与决策，2015（22）：175-178.

［60］许平．中小型企业创业时期技术成果入股及相关问题研究［D］．电子科技大学硕士学位论文，2003.

［61］蔡汝魁．技术投资及技术入股探讨［J］．科学学研究，1992（4）：41-42+50.

［62］范健．技术股权转让问题研究——对《公司法》第72条之立法价值与权利属性的再思考［J］．暨南大学学报（哲学社会科学版），2012（12）：35-42.

［63］孙景安．夹层融资——企业融资方式创新［J］．证券市场导报，2005（11）：66-71.

［64］郭泽光，敖小波，吴秋生．内部治理、内部控制与债务契约治理——基于 A 股上市公司的经验证据［J］．南开管理评论，2015（1）：45-51.

［65］于东智．资本结构、债权治理与公司绩效：一项经验分析［J］．中国工业经济，2003（1）：87-94.

［66］赵静梅，傅立立，申宇．风险投资与企业生产效率：助力还是阻力？［J］．金融研究，2015（11）：159-174.

［67］郭泽光，敖小波，吴秋生．内部治理、内部控制与债务契约治理——基于 A 股上市公司的经验证据［J］．南开管理评论，2015（1）：45-51.

［68］赵晓琴，万迪昉．不同金融契约对多任务代理人激励效应差异的实验研究［J］．系统工程，2017，35（2）：8-15.

［69］张帏．中关村留学人员创业企业发展的瓶颈调研［J］．中国软科学，2007（8）：116-122+130.

［70］于晓宇．创业失败研究评价与未来展望［J］．外国经济与管理，2011，33（9）：19- 27.

［71］陈耀刚，姜彦福.风险投资或自我积累——初创期企业的融资策略选择［J］.科研管理，2002（5）：93-98.

［72］龙勇，常青华.高技术创业企业创新类型、融资方式与市场策略关系研究［J］.科学学与科学技术管理，2008（1）：70-74.

［73］张家慧，龚柳元，李志铭.新创企业风险投资最优契约模型设计［J］.统计与决策，2012（16）：174-177.

［74］李新春，叶文平，唐嘉宏，区玉辉.创始爱心资金获取：情感信任还是能力信任［J］.管理科学，2015（2）：40-48.

［75］张译文.我国创业投资引导基金存在的问题及对策［J］.经济纵横，2014（7）：87-90.

［76］倪文新，李毅光，冯雪.我国西部地区创业风险投资引导基金存在的问题与对策［J］.软科学，2013（7）：93-97.

［77］郭菊娥，熊洁.股权众筹支持创业企业融资问题研究［J］.华东经济管理，2016（1）：179-184.

［78］唐伟.创业企业中的双边道德风险与最优融资合约［J］.中央财经大学学报，2005（4）：39-43.

［79］李竟成.创业企业的融资契约安排［D］.西北大学博士学位论文，2007.

［80］吴少新，王国红.创业企业的资本结构理论与融资策略研究［J］.经济评论，2007（6）：113-118.

［81］罗震，王国红，马慧.创业企业导入期融资策略的演化博弈分析［J］.大连理工大学学报（社会科学版），2013（4）：72-76.

［82］孙景安，尹惠兰.夹层融资创新研究［J］.财务与会计，2006（5）：15-17.

［83］周绍朋，傅璇.夹层融资的中国模式探析［J］.国家行政学院学报，

2006（2）：40–43.

［84］傅璇．夹层融资：股权与债务之间资本通道［J］.国际融资，2004（12）：56–59.

［85］丁盛．国内中小企业运用夹层融资的分析［D］.复旦大学硕士学位论文，2009.

［86］翟家誉．夹层融资——创新房地产开发企业金融信托融资的有效途径［J］.会计师，2011（9）：13–15.

［87］徐霞．基于夹层融资的房地产企业创新融资方案［J］.财会通讯，2016（8）：14–16.

［88］杨军，吴燕．国际资本补充经验及对我国夹层融资工具创新的启示［J］.金融纵横，2013（9）：32–35.

［89］英英，萨如拉．金融工具创新之夹层融资——破解科技型中小企业融资难题的可选途径［J］.中国科技论坛，2011（3）：67–72.

［90］刘志东，宋斌．夹层融资的理论与实践［J］.现代管理科学，2007（5）：32–33+119.

［91］李连华．股权配置中心论：完善公司治理结构的新思路［J］.会计研究，2002（10）：43–47.

［92］陈永庆，王浣尘．双边激励与风险企业的股权结构配置［J］.中国管理科学，2002（2）：21–24.

［93］吕景胜，邓汉．全流通条件下上市公司股权治理结构对代理成本的影响研究——基于2009年中小板制造类上市公司的经验数据分析［J］.中国软科学，2010（11）：136–143.

［94］杨瑞龙，杨其静．对"资本雇佣劳动"命题的反思［J］.经济科学，2000（6）：91–100.

［95］杨瑞龙，杨其静．专用性、专有性与企业制度［J］.经济研究，

2001（3）：3-11.

［96］颜光华，沈磊，蒋士成．基于资产专有性的企业控制权配置［J］．财经论丛（浙江财经学院学报），2005（2）：17-21.

［97］方世建．基于知识专有性的治理结构重构［J］．经济学家，2006（3）：120-121.

［98］黄载曦．剩余索取权配置：高新技术企业专有性人力资本的有效约束［J］．财经科学，2007（9）：90-96.

［99］黄蕾．股权治理与企业技术创新的实证研究——基于不同产品市场竞争度的视角［J］．江西社会科学，2012（2）：241-245.

［100］徐梦周．谈判视角下风险投资股权配置及其成因——基于浙江数据的实证研究［J］．科研管理，2011（12）：82-88.

［101］彭真明，曹晓路．控制权博弈中的双层股权结构探析——以破解股权融资与稀释的困境为视角［J］．证券市场导报，2016（7）：69-78.

［102］蒋小敏．美国双层股权结构：发展与争论［J］．证券市场导报，2015（9）：70-78.

［103］郑玉刚．两种动态股权激励机制的比较——以动态股权激励模型与价值中国网赠送博客股权为例［J］．上海经济研究，2009（1）：99-103.

［104］郑玉刚，彭梅艳．国有企业经营者动态化激励约束策略探讨［J］．经济与管理，2009，23（9）：42-46.

［105］张秀兰．制度约束下的上市公司动态股权激励模型的修订与改进［J］．贵州财经学院学报，2011（3）：37-41.

［106］郑晓明，陈昊，龚洋冉．创业型企业股权分配设计与创业团队心理所有权的动态关系研究——基于中国创业型企业的双案例比较分析［J］．管理评论，2017，29（3）：242-260.

［107］朱仁宏，周琦，伍兆祥．创业团队契约治理真能促进新创企业绩效

吗——一个有调节的中介模型〔J〕.南开管理评论，2018，21（5）：30-40.

〔108〕王伟强.高新技术企业知识员工激励机制研究〔D〕.西北农林科技大学博士学位论文，2008.

〔109〕许平.技术成果入股问题研究之二——确定技术提供方利润分成的一种方法〔J〕.科技管理研究，2004，24（5）：75-77.

〔110〕柴国荣，徐渝，叶小青.技术入股合作创新的市场均衡模型及其管理含义〔J〕.科学学与科学技术管理，2005（3）：34-37.

〔111〕黄乾.技术成果入股问题研究〔J〕.山西大学学报（哲学社会科学版），2005（6）：4-7.

〔112〕郭英远，张胜.科技人员参与科技成果转化收益分配的激励机制研究〔J〕.科学学与科学技术管理，2015（7）：146-154.

〔113〕许秀梅，金贞姬.西方技术资本理论发展评述〔J〕.科技管理研究，2015（15）：185-189.

〔114〕刘华芳，杨建君.异质股东持股、经理人激励与企业自主创新投入的实证研究〔J〕.管理学报，2014，11（1）：79-85.

〔115〕曾爱青，李世聪，刘智勇.我国高新技术企业所有权分配体系配套改革研究〔J〕.中国工业经济，2004（5）：105-112.

〔116〕胡振华，熊昱，申婷.企业行为与管理层股权激励对研发投入影响的实证研究——以制造业上市公司为例〔J〕.系统工程，2015（7）：1-11.

〔117〕雷宏振，兰娟丽，王盼.知识型员工分享剩余索取权影响因素的实证研究〔J〕.科技进步与对策，2011（20）：138-143.

〔118〕郭丹，杨若邻.高新技术企业人力资本股权化模式选择及实现〔J〕.系统工程，2015（10）：93-97.

〔119〕于东阳，高卫东.高新技术企业人力资本出资入股制度构建研究〔J〕.科技进步与对策，2009，26（24）：125-129.

［120］秦江萍.论科技人才参与企业收益分配［J］.经济与管理研究，2004（2）：63-67.

［121］杨其静.创业者的最优融资契约安排研究［J］.经济科学，2004（4）：33-45.

［122］杨介棒.证券设计理论的发展脉络［J］.经济理论与经济管理，2007（4）：26-31.

［123］刘淑芳.公司融资结构对公司治理结构的作用机理［J］.学术界，2007（1）：146-150.

［124］陈耿，刘雪峰.基于融资结构选择视角的最优控制权安排研究［J］.经济与管理研究，2010（2）：12-16.

［125］王声凑，曾勇.阶段融资框架下的风险投资企业控制权配置研究［J］.管理评论，2012（1）：139-145.

［126］陈庭强，丁韶华，何建敏，李心丹.风险企业融资中控制权转移与激励机制研究［J］.系统工程理论与实践，2014（5）：1145-1152.

［127］仇荣国，孔玉生.考虑控制权转移的科技型小微企业融资机制研究［J］.科技进步与对策，2016（17）：93-99.

［128］马永强.高技术企业融资：合约的选择与再安排［D］.西南财经大学博士学位论文，2004.

［129］王勇.控制权安排和企业融资结构——控制权安排的承诺作用和激励作用分析［J］.南开经济研究，2003（1）：59-66.

［130］劳剑东，李湛.控制权的相机分配与创业企业融资［J］.财经研究，2004（12）：28-33.

［131］邢军峰，范从来.创业投资合约控制权和融资结构的研究［J］.河南大学学报（社会科学版），2014（6）：40-47.

［132］燕志雄，费方域.企业融资中的控制权安排与企业家的激励［J］.

经济研究，2007（2）：111-123.

［133］吴德胜. 风险资本融资、证券工具与控制权配置［J］. 管理科学，2005（3）：81-86.

［134］李建军，费方域，郑忠良. 基于风险资本控制权实施的融资工具选择研究［J］. 管理科学学报，2010（2）：41-49.

［135］徐细雄，刘星. 基于控制权私有收益视角的可转债融资的治理效应研究［J］. 管理学报，2012（3）：459-465.

［136］黄越，杨乃定，张宸璐. 高层管理团队异质性对企业绩效的影响研究——以股权集中度为调节变量［J］. 管理评论，2011（11）：120-125.

［137］李秉祥，姚冰湜，李越. 中国上市公司经理管理防御指数的设计及应用研究［J］. 西安理工大学学报，2013（2）：238-245.

［138］H. 德姆塞茨. 财产权利与制度变迁［M］. 上海：上海三联书店，1991.

［139］托马斯 C. 格雷. 论财产权的解体［J］. 经济社会体制比较，1994（5）：21-26.

［140］肯尼斯·万德威尔德. 十九世纪的新财产：现代财产概念的发展［J］. 经济社会体制比较，1995（1）：35-40.

［141］胡继立. 企业控制权理论研究［D］. 吉林大学博士学位论文，2011.